Barbara Hanauer

Materialien und Kopiervorlagen
zur Klassenlektüre

Judith Le Huray

... und jetzt sehen mich alle!

Hase und Igel® light

Inhalt

MIX Papier FSC® C130643

Druckprodukt CO_2 kompensiert
klima-druck.de
ID-Nr. 24173238
VDM+
Mehr Informationen zur Berechnungsmethodik, zur Kompensation und dem gewählten Goldstandard-Klimaschutzprojekt finden Sie unter klima-druck.de/ID.

80797 München, service@hase-und-igel.de
www.hase-und-igel.de
Lektorat: Sonja Stahuber
Satz: Claudia Trinks
Illustrationen: Marc Robitzky
Druck: Joh. Walch GmbH & Co. KG, Im Gries 6,
86179 Augsburg, kontakt@walchdruck.de

ISBN 978-3-86760-465-9
6. Auflage 2025

„... und jetzt sehen mich alle!“ – Das Buch im Unterricht

Das Buch

Mehr als 80 % der Jugendlichen zwischen 12 und 19 Jahren nutzen mehrmals in der Woche das Internet. Chats, *Skype*, soziale Netzwerke wie *Facebook*, *TikTok* und *Instagram* und Videoportale wie *YouTube* sind Teil ihrer Lebenswirklichkeit. Und mit der Nutzung der neuen Kommunikationsformen und -wege geht auch deren Missbrauch einher, z. B. in Form von Cybermobbing, das sogar immer wieder Opfer in den Tod treibt.

Daraus ergeben sich neue Fragen: Welche Regeln sollten bei der Kommunikation in Chatrooms gelten? Was sollte bei der Selbstdarstellung im Netz beachtet werden? Wie kann man sich vor Datenmissbrauch schützen? Neben diesen Fragen setzt sich der Roman „... und jetzt sehen mich alle!“ mit Pubertät, Freundschaft, Loyalität, Gerechtigkeitsempfinden und erster Liebe auseinander. Anhand der Geschichte wird deutlich, dass Mobbing in Form des Cybermobbings neue Dimensionen annimmt: Das Opfer kann sich zu keiner Zeit und an keinem Ort entziehen, wenn es einmal die Kontrolle über seine Daten verloren hat. Die Täter handeln aufgrund der schützenden Anonymität meist noch unbarmherziger und gewissenloser als beim direkten Mobbing.

Die Hauptperson des Romans, die 13-jährige Tabea, wird im sozialen Netzwerk *WirNetz* durch die Verbreitung von Nacktbildern, die ohne ihr Wissen entstanden sind, in ihrer Schule und im Netz gedemütigt. Mit ihrer Freundin Yasemin macht Tabea sich auf die Suche nach den Schuldigen. Die Figuren bieten Jungen und Mädchen gleichermaßen Identifikationspotenzial, die dargestellten Konflikte sprechen emotional an und motivieren dazu, sich verantwortungsbewusst mit der digitalen Welt auseinanderzusetzen.

Die Lektüre liegt in zwei Varianten der Reihe *light* vor: Die Standardausgabe zeichnet sich durch kurze, prägnante Sätze, eine relativ große Schrift und Zeilenumbrüche aus, die weitgehend auf Trennungen verzichten. Die gekürzte Variante baut die Lesehürden durch Fibelschrift und sprachliche Vereinfachungen noch einmal deutlich ab. Beide Ausgaben sind parallel innerhalb einer Lerngruppe einsetzbar, da die Inhalte pro Buchseite erhalten bleiben. So können auch leseschwächere Schüler ab der 6. Klasse die Lektüre gut bewältigen.

Das Material

Das Begleitmaterial gliedert sich in einen Lehrer- und einen Kopiervorlagenteil. Der Lehrerteil enthält Zusammenfassungen jedes Kapitels, Fragen zum Textverständnis und Anregungen zur kreativen Erarbeitung des Inhalts. Die Kopiervorlagen, aus denen Sie je nach Schwerpunktsetzung und individueller Unterrichtssituation auswählen können, bieten Arbeitsaufträge zu verschiedenen Aspekten des Romans.

Neben der Beschäftigung mit dem Thema „soziale Netzwerke“ liegt ein besonderes Augenmerk auf den Figuren des Romans, deren Beziehungen zueinander und deren Entwicklung. Tabeas traumatische Erfahrung soll die Schüler sensibilisieren, eigene Einstellungen und Verhaltensweisen bei der Internetnutzung zu überdenken.

Jugendgemäße Fragen und Probleme wie die Bedeutung von Freundschaften, erste Beziehungen und die Entwicklung der eigenen Persönlichkeit in Krisensituationen werden aufgegriffen. Auch die sprachlich-stilistische Auseinandersetzung mit der Lektüre wird berücksichtigt (z. B. Konjunktionen, Redewendungen, Stilmittel, Begründungen formulieren). Mit den abwechslungsreichen und kreativen Aufgaben und Diskussionen können sich die Schüler den verschiedenen Aspekten des Romans annähern und dabei immer wieder persönliche Wertungen vornehmen und Rückschlüsse zum eigenen Verhalten und zu ihren Einstellungen ziehen.

Wo eng am Text gearbeitet wird, sind die Arbeitsblätter entweder für beide Lektürefassungen geeignet oder Sie finden auf der Website des Verlags angepasste Kopiervorlagen. Diese Blätter für Schüler, die die gekürzte Variante lesen (KV Seite 18, 41 und 42), stehen unter *www.hase-und-igel.de* zum kostenlosen Download bereit („465-9“ ins Suchfeld eingeben und dem Link folgen).

Die thematischen Schwerpunkte der Kopiervorlagen sind durch die folgenden Signets gekennzeichnet:

Zur Lektüre

Umgang mit Sprache

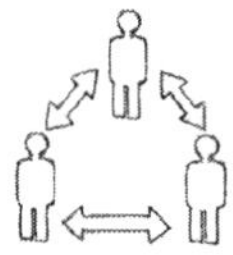

Beziehungen

Lesetraining

Rund ums Internet

Die einzelnen Arbeitsaufträge auf den Kopiervorlagen sind mit folgenden Symbolen versehen:

 Für alle Schüler

 Für schnellere / leistungsstärkere Schüler

Ihnen und Ihrer Klasse wünsche ich viel Spaß und Erfolg beim Lesen und Arbeiten mit Buch und Material!

Ihre Barbara Hanauer

1. bis 4. Kapitel

Inhalt

1. Kapitel
Paula spottet über einen Mitschüler, der sein Passwort vergessen und daher keinen Zugang mehr zum sozialen Netzwerk *WirNetz* hat. Gleichzeitig macht sie es Tabea und Yasemin leicht, ihr das eigene Passwort zu entlocken.

Die Klasse 7b, in die die drei Mädchen gehen, hat eine geschlossene Seite bei *WirNetz* eingerichtet, *Karlchens B-Seite*, die den Schülern z. B. zum Austausch von Hausaufgaben dient. Am selben Nachmittag loggen sich Tabea und Yasemin unter Paulas Namen dort ein und hinterlassen eine fingierte Liebesbotschaft an ihren Mitschüler Finn, da sie glauben, Paula sei heimlich in ihn verliebt. Damit Paula den Eintrag nicht sofort löschen kann, ändern sie ihre Zugangsdaten. Tabea und Yasemin freuen sich über ihre „Partnervermittlung" und sind gespannt auf die Reaktion.

2. Kapitel
Am nächsten Tag erscheint Paula mit verweinten Augen in der Klasse. Nach der Unterrichtsstunde machen sich die Mitschüler über Paulas Liebesbotschaft an Finn lustig. Der reagiert verärgert. Paula stürzt aus dem Klassenzimmer und versteckt sich in der Pause in der Mädchentoilette. Yasemin und Tabea suchen sie, um sie zu trösten. Schluchzend erklärt Paula, dass sie zwar einmal in Finn verliebt gewesen sei, sich jetzt aber mit Niko angefreundet habe. Wegen der gefälschten Liebesbotschaft sei Niko wütend. Tabea und Yasemin bekommen ein schlechtes Gewissen und gestehen Paula, dass sie ihr Passwort für den Fake-Eintrag missbraucht haben. Diese beschimpft die Freundinnen und lässt sie stehen. Noch bevor die Lehrerin der nächsten Stunde das Klassenzimmer betritt, beichten Yasemin und Tabea ihren Mitschülern, dass sie für den Eintrag verantwortlich sind.

3. Kapitel
Nach dem Vorfall, der inzwischen eine Woche her ist, hat sich Paula von ihren ehemaligen Freundinnen distanziert. Als Tabea sich am Abend gerade aus dem Chatroom ausloggen will, erreicht sie eine Anfrage von Josh, einem Klassenkameraden, der sie bisher im Chat noch nie kontaktiert hat. Nach einigen belanglosen Bemerkungen macht er Tabea Komplimente, was sie in Aufregung versetzt. Sie verabreden sich, am nächsten Abend wieder miteinander zu chatten.

4. Kapitel
Am nächsten Tag in der Schule versucht Tabea auf Josh zuzugehen. Er ignoriert sie jedoch vollkommen. Tabea ist verwirrt. Am Nachmittag chattet sie zunächst mit Yasemin, bis Josh sich wieder meldet und sein seltsames Verhalten mit seiner angeblichen Schüchternheit erklärt. Er macht Tabea neue Komplimente, ihre Verwirrung wächst.

Thematische Schwerpunkte

- Internetnutzung von Jugendlichen
- Kenntnisse von Computerbegriffen
- Sicherheit im Netz
- verantwortungsvoller Umgang mit Daten
- Wahrung der Geheimnisse anderer

Gesprächs- und Schreibanlässe

Vor der Lektüre
- Zum Cover: Was erwartest du von einem Buch mit diesem Titel und dieser Coverillustration?
- Lies das Inhaltsverzeichnis des Romans und überlege, welche Ereignisse hinter den Kapitelüberschriften stecken könnten.

Zum 1. Kapitel
Überprüfung der Textkenntnis
- In welcher Beziehung stehen die Schülerinnen Paula, Tabea und Yasemin zueinander?
- Welches Amt bekleidet Yasemin in der Schule?
- Welche Daten sind für den Zugang zu *KarlchensB-Seite* notwendig?
- Welche Motive haben Tabea und Yasemin für ihren Fake-Eintrag?

Weiterführende Fragen
- Habt ihr euch selbst schon darüber geärgert, was andere über euch geschrieben haben? Wie habt ihr darauf reagiert?
- Würdet ihr für eure Klasse ebenfalls eine geschlossene Seite einrichten? Warum oder warum nicht?

Zum 2. Kapitel
Überprüfung der Textkenntnis
- Wie geht es Paula nach dem Eintrag?
- Welche Reaktion zeigen Tabea und Yasemin, nachdem sie ihren Fehler erkannt haben?
- Wieso ist Finn der Eintrag peinlich?
- Wie versucht Yasemin das Vertrauen der Klasse wiederzugewinnen?

Weiterführende Fragen
- Was hättet ihr an Paulas Stelle als Entschuldigung erwartet?
- Was hätten Yasemin und Tabea zur Entschuldigung noch unternehmen können?
- Wie beurteilt ihr das Verhalten von Tabea und Yasemin Paula gegenüber?

Zum 3. und 4. Kapitel
Überprüfung der Textkenntnis
- Wieso wird Tabea beim Chat mit Josh so nervös?
- Wie wird das Aussehen von Tabea und Yasemin beschrieben?
- Warum hat Tabea sich schon nach wenigen Tagen von ihrem Freund Robin getrennt?
- Warum chattet Tabea ein zweites Mal mit Josh?

Weiterführende Fragen
- Könnt ihr nachvollziehen, dass sich Paula von Tabea und Yasemin distanziert hat? Was könnte in ihr vorgehen?
- Wie würdet ihr darauf reagieren, wenn euch ein Klassenkamerad, mit dem ihr sonst wenig Kontakt habt, im Chat Komplimente macht?

Kreativ aktiv

Unsere private Klassenseite
Stellt euch vor, ihr richtet eine eigene geschlossene Seite wie die Klasse 7b ein. Überlegt euch, welche Regeln für einen fairen Umgang miteinander auf dieser Plattform herrschen sollen. Formuliert zu viert oder zu fünft in Gruppenarbeit etwa fünf Verhaltensregeln. Vergleicht eure Ergebnisse miteinander und stimmt im Klassenverband über die besten Ergebnisse ab.

Unser Klassenmotto
In der Standardausgabe steht, die Klasse würde zusammenhalten wie Pech und Schwefel, Hänsel und Gretel oder Nase und Pickel. Wie könnte der Zusammenhalt in eurer Klasse beschrieben werden? Findet einen passenden Vergleich oder ein gemeinsames Motto.

Zu den Kopiervorlagen

KV Seite 9

Die Autorin
Auf dieser Kopiervorlage erhalten die Schüler Hintergrundinformationen zur Autorin Judith Le Huray und zur Entstehung ihres Romans „... und jetzt sehen mich alle!“. Lassen Sie zusätzlich eine Internetrecherche zu der Autorin durchführen (z. B. *www.judith-lehuray.de*) und weitere Informationen zu ihrem Leben und Werk zusammentragen. Fordern Sie die Schüler darüber hinaus dazu auf, sich vorzustellen, Frau Le Huray würde ihre Schule besuchen. Welche Fragen hätten sie an die Autorin?

KV Seite 10

Passwörter
Das Internet ist für uns längst ein Alltagsmedium geworden. Soziale Netzwerke boomen. Das Bedürfnis junger Menschen nach Kommunikation, nach persönlicher Darstellung, nach Selbstfindung, nach Freiräumen, auf die Eltern, Erwachsene oder bestimmte Leute keinen Zugriff haben, und nach Peergroup-Erlebnissen, bei denen nur ausgewählte Mitglieder bestimmte Inhalte miteinander teilen, wird durch die verschiedenen Communitys bedient. Der Zugang zu dieser Welt ist sehr einfach: Man wählt sich ein Passwort und schon ist man Teil der digital vernetzten Welt. Doch gerade der sorglose Umgang mit Passwörtern ermöglicht verbrecherische Übergriffe durch Dritte, die finanzielle und psychische Folgen für die Betroffenen haben können.

Das Arbeitsblatt möchte die Schüler für die gewissenhafte Auswahl und den sorgfältigen Gebrauch von Passwörtern sensibilisieren. Aufgabe 1 ist eine Schätzaufgabe, bei der es darum geht, den Schülern vor Augen zu führen, dass viele Menschen wie Paula ein unsicheres Passwort wählen. Weisen Sie die Schüler bei Aufgabe 2 evtl. auf die Seite *www.bsi.bund.de* hin, auf der sie sich über Passwörter und Computersicherheit informieren können.

Achtung: Auch gut gewählte Passwörter wie Joshs im Roman können leider u. U. geknackt werden.

Mögliche Lösung

Aufgabe 1:

1. einfache Zahlenfolge, 2. „Passwort“, 3. Haustiername, 4. Hobby, 5. Geburtsname der Mutter, 6. Geburtstag Familienmitglied, 7. eigener Geburtstag, 8. Name des Partners, 9. eigener Name, 10. Lieblingsfußballmannschaft

nach: Focus (2023) und McAfee

Aufgabe 3:

1. Verwende keinesfalls die Namen deiner Familienmitglieder.
2. Nutze auch keine Kosenamen oder Spitznamen deiner Freunde.
3. Verwende dasselbe Passwort nicht für mehrere Webdienste, die du nutzt.
4. Verschicke dein Passwort nicht per E-Mail oder Messenger an Freunde.
5. Bewahre dein Passwort nicht auf einem Zettel in der Nähe deines PCs auf.

KV Seite 11

Medienverhalten unter der Lupe

Anhand des Fragebogens sollen sich die Schüler grundsätzlich bewusst werden, in welchem Umfang sie das Internet und Chatrooms nutzen. Sie können die anonymen Fragebögen einsammeln, auswerten und das Ergebnis in der Klasse besprechen.

Mögliche Lösung

Zu Frage 7:

Lästereien über Dritte, Verbreitung von falschen, rufschädigenden Inhalten.

Zu Frage 9:

1. Suche dir einen altersgemäßen Chat aus, chatte nicht alleine, sondern mit einem Erwachsenen, wenn du zum ersten Mal mit einer unbekannten Person „sprichst“.
2. Suche dir einen Chat, in dem es Aufpasser/Moderatoren gibt.
3. Gehe nicht in Chats für Erwachsene und gib dich nie als Erwachsener aus.
4. Denke dir einen guten, sicheren Spitznamen aus. Dein richtiger Name muss ein Geheimnis bleiben.
5. Verrate nie persönliche Daten wie deinen Namen, deine Adresse oder Telefonnummer.
6. Sei freundlich, aber bleibe auch misstrauisch; im Netz wird nicht immer die Wahrheit gesagt.
7. Triff dich nicht mit Leuten, die du nur aus dem Chat kennst. Du weißt nicht, wer hinter den Namen steckt.

KV Seite 12

Eine blöde Idee

Die Freundschaft zwischen Paula, Tabea und Yasemin ist nachhaltig gestört, obwohl sich die beiden vor der gesamten Klasse bei Paula entschuldigen. Die Kopiervorlage sichert das Textverständnis. Die Schüler untersuchen die Entschuldigungsszene und halten fest, welche Folgen der Fake-Eintrag für die Beteiligten hat. Abschließend bewerten sie das Verhalten der Mädchen.

Mögliche Lösung

Aufgabe 1:

Tabea: versteckt sich fast hinter Yasemin, ist den Tränen nahe, murmelt eine Entschuldigung, es tut ihr wirklich leid
Yasemin: ist entschlossen, sich zu entschuldigen, tritt mutig vor die Klasse und erklärt alles, sie spricht leise, ist sich ihrer Schuld bewusst, es tut ihr leid
Paula: ist auf ihrem Sitz zusammengesunken, ist völlig niedergeschlagen

Aufgabe 2:

Paula: chattet nicht mehr mit Tabea und Yasemin, hat kein Vertrauen mehr zu beiden, geht mit anderen in die Pause
Yasemin: hat auf eine Abstimmung gedrängt, ob sie noch Klassensprecherin bleiben soll

Aufgabe 3:

Yasemin verhält sich korrekt, weil sie ihren Fehler – sie hat ihr Amt missbraucht – einsieht, sie lässt sogar die Klasse abstimmen, ob sie Klassensprecherin bleiben soll. Paula bleibt trotz dieser Geste unversöhnlich, wobei man ihr nicht übel nehmen kann, dass sie (zumindest zunächst) kein Vertrauen mehr zu den beiden hat.

KV Seite 13

Verstehst du die Computersprache?

Durch den Rätselcharakter dieser Kopiervorlage sollen die Kenntnisse zu Begriffen aus der Computerwelt spielerisch abgefragt werden. Als weiterführende Aufgabe können Sie die Schüler selbst Begriffe wählen und für diese Erklärungen finden lassen. Oder lassen Sie sie alle Abkürzungen, die in den Chats des Romans verwendet werden, auflisten und „übersetzen".

Lösung

Server ☒ zentraler Computer	**Cyberspace** ☒ künstlicher Raum	**Icon** ☒ Sinnbild
Chatroom ☒ Online-Kommunikation	**einloggen** ☒ anmelden	**Notebook** ☒ tragbarer PC
Account ☒ Benutzerkonto	**downloaden** ☒ herunterladen	**Emoji** ☒ Bild in Textnachricht
Nickname ☒ Spitzname	**Link** ☒ Verknüpfung	**Software** ☒ Computerprogramme
hacken ☒ unerlaubt auf Computer zugreifen	**installieren** ☒ Software bereitstellen	**Homepage** ☒ Webseite

Name:

Die Autorin

Judith Le Huray wurde 1954 geboren und ist in Stuttgart aufgewachsen. Schon mit sechs Jahren verfasste sie ihre erste Geschichte, die noch auf dem Dachboden liegt. Als Erzieherin schrieb sie für die Kinder Lieder und Geschichten. Auch in ihrer späteren Arbeit war Kreativität gefragt: 19 Jahre lang leitete sie ein Tanzstudio, für das sie sich Choreografien ausdachte.
Seit 2009 ist Judith Le Huray Autorin. Sie schreibt für Kinder und Jugendliche und ist oft unterwegs auf Lesungen. Mit ihrem Mann und ihrer Hündin wohnt sie in einem Dorf am Fuß der Schwäbischen Alb.

Hallo, liebe Schülerinnen und Schüler,

ich freue mich sehr, dass ihr eines meiner Bücher lest. Vielleicht gehören nicht alle von euch zur Gattung Leseratten. Deshalb schreibe ich gern auch mal dünnere Bücher, die mit wenigen Wörtern eine spannende Geschichte erzählen.
Das Thema „Internet“ hat mich von Anfang an fasziniert. Seit vielen Jahren habe ich eine eigene Website und tausche mich gern in Foren für Kinder- und Jugendbuchautoren aus. In sozialen Netzwerken halte ich Kontakt zu Leuten, die ich sonst aus den Augen verlieren würde.
Aber nicht alles im Internet ist toll. Die Idee zu meiner Geschichte „... und jetzt sehen mich alle!“ hatte ich, weil ich selbst wie einige meiner Romanfiguren negative Erfahrungen mit dem Netz gemacht habe: Ich habe etwas in Foren geschrieben, was ich später gern gelöscht hätte. Oder ich habe in Netzwerken fiese Kommentare von Jugendlichen über den oder die „Ex“ gelesen. In manchen Fällen greife ich ein und rate, bestimmte Inhalte zu löschen. Denn das Netz vergisst nie – und manche Informationen können nicht nur für das Opfer, sondern auch für den Täter noch Jahre später von großem Nachteil sein.

Viel Spaß beim Lesen
wünscht euch

Name:

Passwörter

Die Anfangsszene im Buch spielt auf eines der Hauptprobleme im Roman an: auf den Umgang mit Passwörtern.

> Ein Passwort ist ein Kennwort. Es ist für die Identifizierung des Nutzers notwendig und soll ihn vor unerlaubten Zugriffen auf seine geheimen Daten schützen. Passwörter gibt es für verschiedene Bereiche, zum Beispiel für Bankkarten, Sicherheitseingänge, Internetzugang, Anmeldung bei Foren.

Viele Nutzer verwenden als Passwörter Begriffe, Daten oder Namen aus ihrem persönlichen Umfeld. Das macht es anderen oft leicht, Zugriff auf private Inhalte zu bekommen.

Immer wieder werden Umfragen zu beliebten Passwörtern gemacht. Was kommt dabei wohl heraus? Schreibe der Beliebtheit nach in dein Heft.

Geburtsname der Mutter, Haustiername, Lieblingsfußballmannschaft, Hobby, einfache Zahlenfolge, Name des Partners, Geburtstag Familienmitglied, „Passwort“, eigener Geburtstag, eigener Name

Erstelle in deinem Heft anhand des Tipps ein sicheres Passwort für Paula.

> Tipp: Ersetze einzelne Buchstaben eines Namens durch Ziffern (z. B. A = 1). Oder kombiniere einen Namen mit Ziffern, eventuell mit einem Geburtstag. Schreibe abwechselnd Buchstaben und Ziffern und füge Sonderzeichen ein.

Verbessere die fünf Regeln für das Erstellen von Passwörtern und schreibe sie in dein Heft.

1. Verwende auf alle Fälle die Namen deiner Familienmitglieder.
2. Nutze auch Kosenamen oder Spitznamen deiner Freunde.
3. Verwende dasselbe Passwort für mehrere Webdienste, die du nutzt.
4. Verschicke dein Passwort per E-Mail oder Messenger an Freunde.
5. Bewahre dein Passwort auf einem Zettel in der Nähe deines PCs auf.

Medienverhalten unter der Lupe

Nimm dein eigenes Medienverhalten unter die Lupe. Fülle dafür den Fragebogen aus.

1. Du bist ein ...	☐ Junge.	☐ Mädchen.
2. Bist du regelmäßig online?	☐ ja Wie viele Stunden etwa pro Woche? ________________	☐ nein
3. Kommunizierst du mit deinen Freunden hauptsächlich über das Internet?	☐ ja	☐ nein
4. Hast du einen eigenen PC, einen Laptop oder ein Smartphone?	☐ ja	☐ nein
5. Bist du Mitglied in einem Netzwerk?	☐ ja	☐ nein
6. Welche Netzwerke kennst du? ________________________________		
7. Welche Themen oder Aussagen würdest du bei einem Chat mit Klassenkameraden auf jeden Fall meiden? ________________________________		
8. Hast du selbst schon negative Erfahrungen bei der Nutzung von Chatrooms gemacht?	☐ ja	☐ nein
9. Welche Tipps für die Nutzung von Chatrooms würdest du deiner besten Freundin oder deinem besten Freund geben? Schreibe gegebenenfalls in dein Heft. ________________________________		

Name:

Eine blöde Idee

Lies noch einmal Seite 22/23. Notiere, wie Tabea und Yasemin sich bei Paula für ihren „Scherz" entschuldigen und was sie dabei fühlen. Was empfindet Paula?

Tabea: ____________________

____

Yasemin: ____________________

____

Paula: ____________________

____

Mit der Entschuldigung ist der Fall für die drei Mädchen noch nicht abgeschlossen. Welche Folgen des Fake-Eintrags zeigen sich bald in der Schule? Lies dazu Seite 24/25 und schreibe auf.

Paula: ____________________

____

Yasemin: ____________________

____

Wie beurteilst du Yasemins Verhalten (Seite 24)? Wie Paulas? Begründe.

____

____

____

Name:

Verstehst du die Computersprache?

Die Computersprache ist Englisch. Im Deutschen benutzen wir, wenn es um den Computer, das Internet oder soziale Netzwerke geht, viele englische Begriffe.

Kennst du die folgenden Begriffe? Kreuze die richtige Erklärung an.

Server ☐ veraltetes Computermodell ☐ Speziallenker für Autos ☐ zentraler Computer	**Cyberspace** ☐ künstlicher Raum ☐ Abfall im Weltraum ☐ Name eines Computerspiels	**Icon** ☐ Sinnbild ☐ Name eines Smartphones ☐ Ikone, Internetstar
Chatroom ☐ spezieller Handytarif ☐ Internetcafé ☐ Online-Kommunikation	**einloggen** ☐ abmelden ☐ anmelden ☐ im Internet recherchieren	**Notebook** ☐ tragbarer PC ☐ digitale Notiz ☐ Computerunterlage
Account ☐ Minutenzähler im Computer ☐ Hilfsmotor ☐ Benutzerkonto	**downloaden** ☐ herunterfliegen ☐ heruntermachen ☐ herunterladen	**Emoji** ☐ gesperrte Webseite ☐ umständliche Erklärung ☐ Bild in Textnachricht
Nickname ☐ Spitzname ☐ Name des Browsers ☐ amerikanischer Vorname	**Link** ☐ Spezialkabel ☐ Verknüpfung ☐ Hinweisschild	**Software** ☐ USB-Stick ☐ Computerprogramme ☐ einfach zu bedienender PC
hacken ☐ unerlaubt auf Computer zugreifen ☐ mit festem Tastaturanschlag schreiben ☐ sehr schnell tippen	**installieren** ☐ Software bereitstellen ☐ Computer aufbauen ☐ Profil erstellen	**Homepage** ☐ Betriebssystem ☐ Webseite ☐ Startseite eines Programms

5. bis 8. Kapitel

Inhalt

5. Kapitel
Ein weiterer Versuch Tabeas, mit Josh im realen Schulalltag Kontakt aufzunehmen, wird von diesem nur mit Verwunderung aufgenommen. Tabea erklärt sich sein Verhalten durch die störende Anwesenheit anderer Schüler. Während des Chats am Freitagabend überredet Josh sie zum Videochat. Tabea lässt sich darauf ein, aber der Kontakt kommt angeblich aus technischen Gründen nicht zustande. Josh bricht den Chat ab und bittet Tabea, nichts zu verändern. Er will sich später um das Problem kümmern.

6. Kapitel
Josh meldet sich nach dem Videochat nicht mehr bei Tabea und ignoriert sie weiterhin in der Schule. Tabea nimmt dies als weitere enttäuschende Erfahrung mit Jungen hin. Yasemin hingegen ist frisch verliebt und glücklich. Am Montag, etwa eine Woche nach dem Videochat, hört Tabea auf dem Schulweg üble Beleidigungen von Mitschülern, die sie zunächst nicht auf sich bezieht. Doch auch im Klassenzimmer steht an der Tafel: „TABEA ist eine SCHLAMPE!!“

7. Kapitel
Yasemin wischt den Satz sofort weg. Tabea kann sich die Beleidigungen und Anfeindungen nicht erklären. Die Lehrerin Frau Lautenbacher geht weder auf die angespannte Stimmung noch auf die Tatsache ein, dass ein mit Wasser gefülltes Kondom auf Tabeas Stuhl zerplatzt, als sie sich setzt. Yasemin kümmert sich um ihre Freundin und beschließt, die Sache aufzuklären.

8. Kapitel
Yasemin verlangt von der Klasse eine Erklärung für die Beleidigungen und erfährt, dass Tabea Nacktbilder von sich ins Netz gestellt haben soll. In der Folgestunde bittet Yasemin den Lehrer, die sichtlich leidende Tabea nach Hause begleiten zu dürfen. Bei Tabea loggen sich die beiden sofort ins *WirNetz* ein. Unter ihrem Account findet Tabea drei Nacktbilder von sich, die von Mitschülern gemein kommentiert wurden. Sie verliert das Bewusstsein.

Thematische Schwerpunkte

- die Hauptperson des Romans
- Kennzeichen für (Cyber-)Mobbing und Umgang damit
- Kommunikation zwischen Lehrern und Schülern
- Klassengemeinschaft

Gesprächs- und Schreibanlässe

Zum 5. Kapitel
Überprüfung der Textkenntnis
- Wie erklärt sich Tabea, dass Josh im Schulalltag keine Notiz von ihr nimmt?
- Welche Erwartungen und Hoffnungen hat Tabea während des Chats mit Josh?
- Was denkt und fühlt Tabea bei Joshs Vorschlag zu einem Videochat?
- Warum wird Tabea Josh gegenüber nicht misstrauisch?

Weiterführende Fragen
- Welche Gedanken könnte Tabea haben, während sie auf Joshs Rückkehr zum Videochat wartet?
- Was könnte Tabea tun, um mit Josh im Schulalltag besser in Kontakt zu kommen?

Zum 6. und 7. Kapitel
Überprüfung der Textkenntnis
- Mit welchen Beleidigungen wird Tabea in der Schule konfrontiert?
- Was gibt Tabea in der demütigenden Situation Kraft?

Weiterführende Fragen
- Wie würdest du reagieren, wenn du solchen Beleidigungen ausgesetzt wärst?
- Wie hätte die Situation in der Klasse von den Lehrern aufgegriffen werden können?
- Was macht für dich eine gute Klassengemeinschaft aus?

Zum 8. Kapitel
Überprüfung der Textkenntnis
- Wie bringt Yasemin die Klasse dazu, die Beleidigungen gegenüber Tabea zu erklären?
- Warum gehen Tabea und Yasemin nicht auf das Angebot von Herrn Mauz ein, über das Problem zu sprechen?
- Wie reagiert Tabea auf die Nacktbilder im Netz?

Weiterführende Frage
- Wieso haben die Mitschüler die Bilder von Tabea so abfällig kommentiert?

Kreativ aktiv

Beleidigungen
Mach dir ein Bild davon, wie sehr die Situation Tabea belastet haben muss. Klebe dafür eine Kopie von Tabeas Gesicht auf ein DIN-A3-Blatt. Schreibe mit einem dicken Filzstift oder Marker alle im 6. und 7. Kapitel vorkom-

menden Beleidigungen über Tabeas Bild. Was fühlst du, während du Tabea mit diesen Beleidigungen überhäufst? Wie wirkt das Ergebnis dieser Aufgabe auf dich? Was müsste deiner Meinung nach passieren, damit diese Beleidigungen wieder „weggewischt“ werden können?

Erste Hilfe bei Beleidigungen
Erstelle nun eine „Pflastertabelle“ für Tabea: Schreibe die schwersten Beleidigungen aus dem Roman heraus und finde für jede mindestens einen Satz, der Tabea in dieser Situation trösten könnte.

Ein Tatortbild
Gestalte das Zimmer von Tabea am Tag des Videochats nach. Lies dir die Seiten 42 und 43 nochmals durch und entwirf dann den Aufbau des Zimmers. Für die einzelnen Einrichtungsgegenstände oder Kleidungsstücke kannst du entsprechende Bilder aus Katalogen oder Werbeprospekten ausschneiden und diese aufkleben.

Zu den Kopiervorlagen

KV Seite 18

Hallo, ich bin Tabea!
Zunächst macht Paula wegen ihres sorglosen Umgangs mit ihrem Passwort negative Erfahrungen mit dem Netzwerk *WirNetz*. Dann ist es Tabea, die von realen Auswirkungen der digitalen Welt eingeholt wird. Mit der Kopiervorlage überprüfen Sie, ob die Schüler den Roman bis zum 8. Kapitel genau gelesen haben. Das Lösungswort ergibt sich senkrecht in den grauen Feldern.

Lösung

1. → KURZ
2. → YASEMIN
3. → ROBIN
4. → PAULA
5. → SCHERZ
6. → HAUSAUFGABEN
7. → PUDEL
8. → WIRNETZ
9. → JOSH
10. → BIOLOGIE
11. → KLASSENSPRECHERIN
12. → GEBURTSTAG
13. → MILLIE
14. → BETONKLOTZ
15. → HÄNSEL

Lösung: KarlchensB-Seite

KV Seite 19

Gemeines Verhalten in der Schule
Beleidigendes, ausgrenzendes Verhalten in der Schulgemeinschaft stellt eine enorme Belastung dar. Das Vertrauen zwischen den Schülern kann dadurch nachhaltig zerstört, das Selbstbewusstsein einzelner Kinder und Jugendlicher empfindlich beeinträchtigt werden. Anhand dieses Arbeitsblatts machen sich die Schüler bewusst, welche Formen ein solches Verhalten annehmen kann und dass auch harmlos gemeinte Streiche oder Neckereien andere schwer verletzen können. Lassen Sie die Schüler ihre Ergebnisse von Aufgabe 1 im Plenum diskutieren. Was der eine noch als Scherz empfindet, ist für den anderen vielleicht schon eine Verletzung.

Als Variation zu Aufgabe 2 können Sie den Schülern die Methode der Fadenkreuzanalyse vorstellen. Diese lässt sich gut als Gruppenarbeit in Teams von vier bis fünf Schülern durchführen.

Fadenkreuzanalyse
Ziel: Für (Sach-)Probleme ursachenorientiert viele Lösungsmöglichkeiten finden.
Inhalt: Suche von Lösungsmöglichkeiten für Probleme im Team, bei der Umsetzung von Gruppenarbeit.
Vorbereitung: Plakat (mindestens DIN A3) wird mit einem „Fadenkreuz“ versehen und folgendermaßen beschriftet:

Problem	Folgen
Ursachen	Lösungen

Verlauf: Im Problem-Feld wird das Problem kurz und prägnant formuliert. Die Gruppe beschreibt mögliche konkrete Folgen, sucht nach Ursachen und Lösungsmöglichkeiten, die jeweils im entsprechenden Feld notiert werden.

Mögliche Lösung
Aufgabe 1:

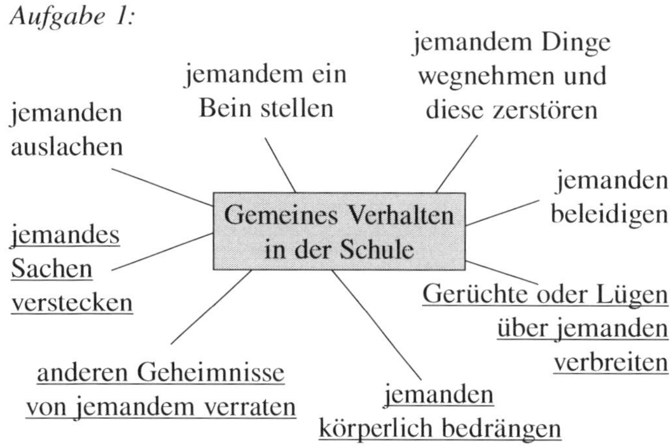

Aufgabe 2:
Bei all den gemeinen Aktionen gegen Mitschüler gilt: Es muss eine Aussprache und Schlichtung zwischen Täter und Opfer stattfinden. Die Mitschüler verpflichten sich, nicht an den Beleidigungen teilzunehmen. Wenn der Täter nur einzelnen in der Klasse bekannt ist, können sich die Personen an den Vertrauenslehrer wenden, wenn sie Angst haben, selbst Opfer zu werden. Ebenso sollten sie verfahren, wenn Gemeinheiten in Freundschaftsbüchern oder sozialen Netzwerken entdeckt werden.

KV Seite 20

Mobbing und Cybermobbing
Im Roman wird Tabea das Opfer von direktem Mobbing und von Cybermobbing. Im Rahmen von Aufgabe 1 können die Schüler weitere Informationen zum Thema „Cybermobbing" recherchieren, z. B. unter *www.klicksafe.de/cybermobbing*. Erarbeiten Sie anhand der Ergebnisse aus den beiden Aufgaben am besten gemeinsam im Unterricht, inwiefern Cybermobbing die Opfer noch schwerer treffen kann als direktes Mobbing.

Folgende Punkte sollten festgehalten werden: Die Attacken auf das Privatleben können rund um die Uhr via Internet ausgeführt werden und verfolgen das Opfer somit überallhin. Das Internet bietet dem Täter in vielen Fällen Anonymität, die das Opfer noch mehr verunsichert, weil es nicht abschätzen kann, wann und woher die Übergriffe kommen und wie lange sie andauern. Inhalte im Netz können nur sehr schwer oder gar nicht gelöscht werden. Das Opfer muss davon ausgehen, dass eine unkontrollierbare Menge von Personen die kompromittierenden Inhalte zu Gesicht bekommt.

Lösung
Aufgabe 1:
☒ absichtliche Beleidigung
☒ Bloßstellung mit dem Ziel, das Opfer zu schädigen
☒ sexuelle Belästigung
☒ anzügliche Anspielungen
☒ Demütigungen
☒ Opfer kennt den Täter nicht, weil er anonym handelt
☒ Übergriffe im Netz …
☒ unmittelbare, auch gewaltsame Übergriffe

Aufgabe 2:
- absichtliche Beleidigung: Tafelanschrift „TABEA ist eine SCHLAMPE!!", Täter: Mitschüler (anonym)
- Bloßstellung mit dem Ziel, das Opfer zu schädigen: Verbreitung der Nacktfotos im Netz, Täter: anonym
- sexuelle Belästigung: Verbreitung der Nacktfotos im Netz, Täter: anonym
- anzügliche Anspielungen: „Lass mich dein Teddybär sein!", Täter: fremder Mitschüler
- Demütigungen: „die Nutte da", Täter: Mitschülerin
- Opfer kennt den Täter nicht, weil er anonym handelt: Tabea weiß nicht, woher die Fotos stammen
- Übergriffe im Netz, mithilfe digitaler Kommunikationsmittel: Nacktfotos im Netz
- unmittelbare, auch gewaltsame Übergriffe: mit Wasser gefülltes Kondom auf Tabeas Stuhl, Täter: Mitschüler (anonym)

KV Seite 21

Lehrerreaktionen
Diese Kopiervorlage nimmt die Reaktionen der Lehrer im Roman unter die Lupe. Die beiden Lehrkräfte greifen nicht in das Geschehen ein. Sie erfahren weder auf *KarlchensB-Seite* noch über *WirNetz* von den Vorkommnissen. Zwar nehmen sie die angespannte Stimmung in der Klasse wahr, suchen aber nicht bzw. nicht nachdrücklich genug nach dem Grund dafür.

In Aufgabe 1 stellen die Schüler das Verhalten der beiden Lehrkräfte einander gegenüber und bewerten es. Dabei wird deutlich, welche Erwartungen sie selbst in einer solchen Situation an ihre Lehrer hätten. Die nächsten beiden Aufgaben zeigen, dass Interesse am Gegenüber und Respekt in der Kommunikation zwischen Schülern und Lehrern das Verhältnis erleichtern und Vertrauen ermöglichen.

Mögliche Lösung
Aufgabe 1:
Frau Lautenbacher:
- sieht bedrückte Stimmung, schafft aber keine Möglichkeit, über den Sachverhalt zu sprechen

- hinterfragt den Vorfall nicht, weist Yasemin zurecht, verschließt Augen vor Mobbing

Meine Bewertung: wenig einfühlsam, nicht am Befinden der Schüler interessiert, nur auf ihren Unterricht fixiert

Herr Mauz:

- ist Niko gegenüber nachsichtig, verlangt von ihm, Paula zu helfen
- bietet der Klasse Gespräch über das Problem an, lässt Yasemin Tabea nach Hause bringen

Meine Bewertung: fair und nachsichtig, an seinen Schülern interessiert, könnte aber nachdrücklicher nach dem Grund der schlechten Stimmung fragen

Aufgabe 2:

„Stell dich nicht so an!“ → Ich wende mich ab, weil er mich nicht ernst nimmt.

„Vielen Dank für dein Vertrauen.“ → Ich freue mich, weil ich sehe, dass er mir helfen will.

„Mach dir nichts draus …“ → Ich bin ratlos, denn diese Antwort ist zwar gut gemeint, aber sie hilft mir nicht weiter.

„Sollen wir in der Klasse über …“ → Ich freue mich, dass er mich mit meinem Problem ernst nimmt.

Aufgabe 3:

1. „Wir haben viel zu viel Hausaufgaben …“ → „Wir haben heute eine umfangreiche Hausaufgabe bekommen. Das ist für uns als Klasse ziemlich belastend, denn morgen haben wir einen Mathetest, für den wir noch lernen und üben wollen. Könnten Sie die Hausaufgabe verschieben oder kürzen?“

2. „Sie verstehen uns einfach nicht …“ → „Wir haben ein großes Anliegen. Zurzeit gibt es in unserer Klasse viele Missverständnisse und Probleme. Wir möchten mit der ganzen Klasse darüber reden und hoffen, Sie haben dafür Verständnis.“

3. „Wenn Sie uns solche Angst einjagen …“ → „Entschuldigen Sie, dass wir nochmals nachfragen müssen. Können Sie uns das bitte noch einmal erklären? Nicht alle Schüler der Klasse haben das schon verstanden.“

Name:

Hallo, ich bin Tabea!

Wie gut kennst du Tabea und die 7b? Trage waagerecht ein.

1. Tabeas Familienname
2. Name ihrer besten Freundin
3. Name ihres Ex-Freundes
4. Tabea hat dieses Mädchen verletzt.
5. Der gefakte Eintrag war doch nur als ... gedacht.
6. Die Klasse 7b tauscht sich auf *KarlchensB-Seite* über ... aus.
7. Nach Paulas Wutanfall stehen Tabea und Yasemin da wie begossene ...
8. Name der Community, auf der Tabeas Bilder veröffentlicht werden.
9. Bei diesem Jungen bekommt Tabea wackelige Knie.
10. In diesem Fach ist eine Arbeit angesagt.
11. Yasemin macht ihren Job als ... gut.
12. Am 12. des Monats hat Paulas Katze ...
13. Name von Paulas Katze
14. Frau Lautenbacher hat ein Einfühlungsvermögen wie ein ...
15. Die 7b hält zusammen wie ... und Gretel.

Lösung: ______________________________

Name:

Gemeines Verhalten in der Schule

Im Roman machen sich zunächst einige Mitschüler über Paulas vermeintlichen Eintrag lustig, dann beleidigen sie Tabea.

Wie kann gemeines Verhalten gegen Mitschüler noch aussehen? Ergänze mindestens vier weitere Punkte.

jemandem ein Bein stellen

jemandem Dinge wegnehmen und diese zerstören

jemanden auslachen

jemanden beleidigen

Gemeines Verhalten in der Schule

Wählt eines der Beispiele aus. Überlegt, was eine Klasse gemeinsam unternehmen kann, wenn sie dieses Verhalten beobachtet. Notiert eure Ergebnisse in kurzen Sätzen.

Name:

Mobbing und Cybermobbing

Tabea wird ein Opfer von Mobbing und Cybermobbing. Kreuze an, was in Tabeas Fall zutrifft.

- [ ] absichtliche Beleidigung
- [ ] Bloßstellung mit dem Ziel, das Opfer zu schädigen
- [ ] sexuelle Belästigung
- [ ] anzügliche Anspielungen
- [ ] Drohungen
- [ ] Verleumdungen
- [ ] Demütigungen
- [ ] Folge: Isolierung des Opfers
- [ ] Opfer kennt den Täter aus seinem Umfeld, hat einen Verdacht
- [ ] Opfer kennt den Täter nicht, weil er anonym handelt
- [ ] Übergriffe im Netz, mithilfe digitaler Kommunikationsmittel
- [ ] unmittelbare, auch gewaltsame Übergriffe

Gib zu vier Punkten, die du oben angekreuzt hast, ein Beispiel aus dem Roman. Benenne wenn möglich den / die Täter.

Name:

Lehrerreaktionen

Frau Lautenbacher und Herr Mauz reagieren auf die Vorgänge und die Stimmung in der Klasse ganz unterschiedlich.

Übertrage die Tabelle in dein Heft. Notiere in Stichpunkten, wie die Lehrer auftreten, und vergleiche ihr Verhalten. Bewerte anschließend.

Frau Lautenbacher (S. 23, 55/56)	Herr Mauz (S. 17, 62/63)
Meine Bewertung	Meine Bewertung

Stell dir vor, du wärst in Tabeas Situation und würdest dich einem deiner Lehrer anvertrauen. Was würdest du tun, wenn er folgendermaßen reagieren würde? Schreibe in dein Heft und begründe.

„Stell dich nicht so an!“

„Vielen Dank für dein Vertrauen.“

„Mach dir nichts draus. Das wird schon wieder.“

„Sollen wir in der Klasse über das Problem sprechen?“

Schreibe die folgenden Schüleraussagen in deinem Heft so um, dass ein Lehrer aufgeschlossen darauf reagieren könnte. Orientiere dich an dem Beispiel.

Beispiel: „Wir müssen in der Klasse unbedingt etwas miteinander besprechen!“
➔ „Könnten Sie uns bitte am Ende oder am Anfang der Stunde ein paar Minuten Zeit geben? Es ist etwas vorgefallen, das wir mit der ganzen Klasse besprechen möchten.“

1. „Wir haben viel zu viel Hausaufgaben, morgen ist auch noch ein Mathetest!“
2. „Sie verstehen uns einfach nicht. Bei uns in der Klasse gibt es echt Probleme!“
3. „Wenn Sie uns solche Angst einjagen, trauen wir uns gar nicht mehr nachzufragen.“

9. bis 13. Kapitel

Inhalt

9. Kapitel
Tabea ist erschüttert über die Nacktbilder im *WirNetz*. Yasemin sieht, dass sie von Paula hochgeladen wurden, und beschließt, sie zur Rede zu stellen. Paula reagiert auf den Besuch der beiden bei ihr zu Hause zunächst unwirsch und unversöhnlich. Als Yasemin aber droht, mit Paulas Vater über den Vorfall zu sprechen, lenkt sie ein. Paula löscht die Bilder im *WirNetz* und informiert die Mädchen darüber, dass sie die Fotos auf Tabeas Account des sozialen Netzwerks *freunde-von-freunden.de* entdeckt und diese dann auf *WirNetz* hochgeladen hat. Als Beweis ruft Paula die Seite auf und Tabea muss erkennen, dass sich eine andere Person unter ihrem Namen und mit ihren Daten bei diesem Netzwerk angemeldet hat. Yasemin tröstet Tabea.

10. Kapitel
Wieder zu Hause kann sich Tabea wegen des Vorfalls und der damit verbundenen Auswirkungen kaum konzentrieren. Ihre Gedanken kreisen dauernd um die Bilder. Sie loggt sich auf *WirNetz* ein und stellt erleichtert fest, dass die Bilder gelöscht sind. Auf *freunde-von-freunden.de* kann sie sich jedoch nicht einloggen. Yasemin überrascht ihre Freundin damit, dass sie sich unter falschem Namen bei *freunde-von-freunden* angemeldet hat. Zunächst versuchen sie herauszufinden, wo und wann die Bilder gemacht wurden. Tabea fällt ein, dass die Fotos nur beim Chat mit Josh entstanden sein können. Sie rekonstruiert den genauen Ablauf des Videochats und ihr Kampfgeist erwacht. Sie will Josh überführen.

11. Kapitel
Nach all den Entdeckungen und dem emotionalen Druck, der auf Tabea lastet, hat sie schlimme Albträume. Dennoch macht sie sich für die Schule fertig, bereit, Josh zur Rede zu stellen. Sie will, dass er für seine Tat büßt.

12. Kapitel
Tabea macht sich früher als gewöhnlich auf den Schulweg und ignoriert die Beleidigungen ihrer Schulkameraden. Sie schreibt mit roter Kreide „Josh ist ein fieser Spanner!!!“ an die Tafel. Sie will sich für seine Gemeinheit rächen und ist auch mutig genug, ohne Yasemins Unterstützung vor der Klasse zu reden. Sie klagt Josh an und beschreibt den Ablauf des Chats. Josh reagiert vollkommen perplex und versucht, die wütenden Anschuldigungen der Klasse abzuwehren. Yasemin, die hinzukommt, betont in aller Ruhe, dass sie den Fall klären werden. Der Unmut und die Lästereien der anderen Schüler weiten sich aus: Jetzt haben sie nicht nur Tabea, sondern auch Josh im Visier. Josh stellt sich nach Schulende Yasemin und Tabea in den Weg und verlangt seinerseits Aufklärung über den Vorfall.

13. Kapitel
Yasemin und Tabea machen sich am späten Nachmittag auf den Weg zu Josh. Sie erfahren von seiner Mutter, dass er immer dienstags und donnerstags trainiert und am Tag des vermeintlichen Chats mit einem Freund im Kino war. Auch Joshs Trainer, den die Mädchen in der Turnhalle befragen, kann bestätigen, dass Josh zwischen sechs und halb acht beim Training war. Für Tabea sind diese Erkenntnisse einerseits erleichternd, andererseits werfen sie die Frage auf, wer unter seinem Namen mit ihr gechattet hat.

Thematische Schwerpunkte

- Kennzeichen und Bedeutung von Freundschaft
- Beziehungen zwischen den Figuren im Roman
- Umgang mit persönlichen Daten und Sicherheit im Netz
- Umgang mit Sprache: Redewendungen, Konjunktionen, Groß- und Kleinschreibung, Zeichensetzung, Rechtschreibung

Gesprächs- und Schreibanlässe

Zum 9. Kapitel
Überprüfung der Textkenntnis
- Wie beweist Yasemin ihre enge Freundschaft mit Tabea?
- Wie schafft es Tabea, sich wieder einigermaßen zu beruhigen?
- Wieso ist Paula sich zunächst nicht des Ausmaßes ihrer Handlung bewusst?

- Wie überzeugt Yasemin Paula, dass die Nacktbilder kein Kavaliersdelikt sind?

Weiterführende Fragen
- Wie würde wohl Tabeas Mutter auf die Nacktbilder reagieren?
- An wen hätte sich Tabea wenden können, damit der Sachverhalt aufgeklärt wird?
- Welche Straftat hat Paula begangen, als sie Tabeas Bilder auf *WirNetz* hochgeladen hat?
- Welcher Gefahr ist Tabea ausgesetzt, weil ihre persönlichen Daten auf *freunde-von-freunden* für alle, die dort registriert sind, zu lesen sind?

Zum 10. Kapitel
Überprüfung der Textkenntnis
- Welchen wichtigen ersten Schritt unternimmt Yasemin, um den Täter zu ermitteln?
- Wie erklärt Yasemin Tabea den Namen „Tamin Klärt-auf“?
- Welche Indizien helfen Tabea, die Entstehung der Fotos zu rekonstruieren?
- Inwiefern ändert sich Tabeas Stimmung in diesem Kapitel?

Weiterführende Fragen
- „Das Internet vergisst nie …“, geht es Tabea durch den Kopf. Was ist damit gemeint?
- Wie gelingt es Yasemin, Tabea wieder aufzurichten? Was könnte Tabea in dieser Situation außerdem helfen?

Zum 11. Kapitel
Überprüfung der Textkenntnis
- Welchen Albtraum hat Tabea?
- Warum vertraut Tabea sich nicht ihrer Mutter an?

Weiterführende Frage
- Tabea ist wild entschlossen, sich an Josh zu rächen. Mit welchen Sätzen könnte sie sich auf dem Schulweg selbst Mut zusprechen?

Zum 12. Kapitel
Überprüfung der Textkenntnis
- Was unternimmt Tabea, um auf dem Schulweg nicht wieder Beleidigungen ertragen zu müssen?
- Was schreibt Tabea an die Tafel? Was bezweckt sie damit?
- Wie reagieren die Mitschüler auf die neue Situation?
- Was unternimmt Josh, um sich gegen Tabeas Anschuldigungen zu wehren?

Weiterführende Fragen
- Welche Gefühlsregung war für Tabea hilfreich? Welche Gefühle hätten ihr den Mut geraubt, Josh zur Rede zu stellen?
- Welche Gedanken gehen Josh wohl durch den Kopf, als ihn Tabea vor der Klasse beschuldigt?
- In der Pause lästern und tuscheln die Schüler über Tabea und Josh. Was könnten sie sagen?
- Warum findet der Fünftklässler das Streitgespräch zwischen Josh und den beiden Freundinnen wohl „spannender als Fernsehen“?

Zum 13. Kapitel
Überprüfung der Textkenntnis
- Welche wichtigen Informationen erhalten Yasemin und Tabea von Joshs Mutter?
- Wie wirkt Josh beim Tischtennis in der Turnhalle auf Tabea?
- Wann hat Josh zum letzten Mal beim Training gefehlt?

Weiterführende Fragen
- Wie fühlt Josh sich wohl, als Tabea und Yasemin in der Turnhalle auftauchen?
- Josh kann aufgrund der Aussagen der Mutter und des Trainers nicht der Täter sein. Was bedeutet das für Tabea?

Kreativ aktiv

Partnerinterview
Je zwei Schüler, die im Schulalltag wenig Kontakt miteinander haben, unterhalten sich ca. zehn Minuten lang und versuchen möglichst viel voneinander zu erfahren (Alter, Hobbys, Lieblingsmusik usw.). Dazu sollte auch eine In-

formation gehören, die ein harmloses „Geheimnis" darstellt. Das Ergebnis des Interviews wird auf ein Blatt notiert. Der Lehrer sammelt die Interviews ein und liest sie kurz vor. Die Schüler müssen erraten, um wen es sich bei dieser Person handelt, wobei sich die jeweiligen Interviewpartner dezent im Hintergrund halten.

Pseudonyme bilden
Yasemin wählt für ihre Ermittlungen einen Decknamen, ein sogenanntes Pseudonym: Tamin Klärtauf. Erklären Sie den Schülern, dass für die Bildung eines Decknamens oft ein Anagramm gewählt wird: Bei einem Anagramm werden die Buchstaben des Ausgangswortes beliebig umgestellt. Weitere Informationen zu Anagrammen finden Sie unter: *www.sibiller.de/anagramme.*

Hinweis: Anagramme eignen sich gut als Nickname in Foren, sollten aber keinesfalls als Passwörter verwendet werden.

Szenische Aufarbeitung einer Klassendiskussion
Tabea ist sich sicher, dass Josh heimlich Fotos von ihr gemacht und sie im Netz verbreitet hat. Sie beschuldigt ihn vor der ganzen Klasse, mit der Folge, dass auch er von den Mitschülern gemobbt wird. Stellt euch vor, einer von Tabeas Lehrern erfährt davon und verlangt, dass die Klasse über dieses Thema diskutiert und Kriterien für einen fairen Umgang miteinander erarbeitet.

Teilen Sie die Klasse in zwei Gruppen mit jeweils maximal zehn Schülern ein. Die eine Gruppe ist für Tabea, die andere für Josh. Sie entwickeln eine Szene mit einem Streitgespräch. Diskutieren Sie anschließend mit Ihrer Klasse darüber, welche Gruppe die besseren Argumente und Lösungsansätze hatte und deshalb überzeugen konnte.

Zu den Kopiervorlagen

KV Seite 27

Zitate über Freundschaft
Führen Sie mit den folgenden Gedanken zum Thema „Freundschaft" hin: Der Mensch ist ein soziales Wesen, das mit anderen interagiert und auf Kontakte angewiesen ist. Er knüpft und pflegt im Laufe seines Lebens Freundschaften, wobei die persönliche Definition sehr unterschiedlich ausfallen kann. Während der eine schon wenig verbindliche Kontakte mit vielen als Freundschaft bezeichnet, hat der andere nur einen kleinen Freundeskreis aus sehr vertrauten Menschen.

Im digitalen Zeitalter werden Freundschaften unter anderen Bedingungen geknüpft und gepflegt. Innerhalb von nur wenigen Sekunden kann man sich mit jemandem „befreunden", indem man ihn seiner Freundesliste hinzufügt. Man muss nicht einmal im realen Leben Kontakt mit ihm aufnehmen. Man lässt ihn durch gepostete Informationen, Bilder und Kommentare am eigenen Leben teilnehmen, ohne dass der andere vielleicht jemals ein realer Teil davon wird. Ist so ein echter Gedankenaustausch möglich?

Anhand der Zitate auf der Kopiervorlage denken die Schüler darüber nach, was einen Freund ausmacht, und bewerten, welche Aspekte ihnen bei einer Freundschaft wichtig sind. In Aufgabe 3 formulieren sie ihre eigene Definition von Freundschaft. Dabei geht es nicht darum, die „richtige" Lösung zu finden. Dennoch sollten Sie im Unterricht über unterschiedliche Intensitäten von Freundschaften sprechen.

Mögliche Lösung
Aufgabe 2:
Gleichwertigkeit, gemeinsame Interessen, ganz ähnliche Charaktereigenschaften, Gegenseitigkeit im Geben und Nehmen, Freiwilligkeit und Freiheit im Austausch, gegenseitige Hilfe, Solidarität, Vertrauen, Verlässlichkeit, Loyalität, Verständnis, Akzeptanz von Schwächen, Respekt

Aufgabe 3:
Bei einer Freundschaft geben und empfangen beide Seiten etwas. Dabei sollten sie einander vertrauen und sich stets aufeinander verlassen können.

KV Seite 28

Eine zerbrochene Freundschaft?
Die Beziehungen zwischen den Jugendlichen im Roman sind vielfältig: eine Freundschaft zerbricht, eine neue wird eingegangen, eine bestehende bewährt sich. In Aufgabe 1 trainieren die Schüler die Verbindung von Sätzen, die etwas mit den Beziehungen der Figuren zu tun haben, mithilfe passender Konjunktionen. Für Aufgabe 2 nutzen die Schüler die Informationen aus dem Roman, um Begründungen zu formulieren.

Mögliche Lösung
Aufgabe 1:
1. Paula spricht nicht mehr mit Tabea und Yasemin, weil sie sie verletzt haben.
2. Niko wirft absichtlich Paulas Sachen zu Boden, nachdem er an der Tafel ausgefragt wurde.
3. Bevor Frau Lautenbacher ins Zimmer kommt, spricht Yasemin mit der Klasse über den Fake-Eintrag.
4. Obwohl Josh Tabea in der Schule ignoriert, chattet er am Abend wieder mit ihr.

5. Tabea und Yasemin sind entsetzt über die Nacktbilder, deshalb wollen sie den Täter finden.

Aufgabe 2:

1. … der Verrat Paula schwer getroffen hat und sie den beiden in Zukunft nicht mehr vertrauen kann.
2. … Yasemin und Tabea sich vor der ganzen Klasse öffentlich entschuldigt und auch gezeigt haben, dass es ihnen leidtut.

KV Seite 29

Eine Entschuldigung

Paula erkennt, als Yasemin und Tabea sie zur Rede stellen, dass sie in ihrer Wut und Enttäuschung zu weit gegangen ist. Steigen Sie mit folgenden Fragen ein: Wie könnte Paula sich bei Tabea entschuldigen? Was spricht für eine mündliche Entschuldigung, was für eine schriftliche (Chat, E-Mail, Brief)? Welche Form würden die Schüler wählen? Im vorliegenden Fall hat sich Paula für einen Brief entschieden. Nachdem Sie dies thematisiert haben, wenden Sie sich der Überprüfung der Rechtschreibkenntnisse zu. Im Brief wurde alles konsequent kleingeschrieben. Die Konsonantenverdoppelung nach kurzem Vokal wurde weitestgehend nicht beachtet. Schwächeren Schülern können Sie die Fehlerschwerpunkte vorgeben bzw. mit ihnen vorab die Regeln der Groß- und Kleinschreibung und der Konsonantenverdoppelung wiederholen. Erwähnen Sie evtl., dass die Anredepronomen auch großgeschrieben werden können.

Lösung

Liebe Tabea,
ich musste die ganze Zeit daran denken, dass du wegen mir den Schlamassel ausbaden musst. Ich war total enttäuscht von dir und Yasemin, denn ich hatte gedacht, wir sind Freunde. Ausgerechnet in der Schule habt ihr mein Geheimnis verraten. Es war schlimm für mich, dass Niko wütend auf mich war. Er wollte unsere Freundschaft infrage stellen und hat sich geweigert, mit mir zu reden.
Ich habe mir eine Sache fest vorgenommen: Bloß keine Panik, sonst gibt es eine Katastrophe und Niko wendet sich ganz von mir ab! Da habe ich die Bilder hochgeladen. An die Folgen wollte ich gar nicht denken und auch nicht daran, was die Aktion für dich bedeutet.
Für die Zukunft nehme ich mir vor, mit der Person, mit der ich ein Problem habe, offen zu sprechen.
Ach, und ich hoffe, dass in ein paar Tagen alles vorbei ist, dass die Klasse sich wieder normal verhält und die Bilder endgültig aus dem Netz verschwinden.
Ich wünschte, ich hätte mir nichts zuschulden kommen lassen. Meine Eltern würden ausflippen, wenn sie wüssten, in was ich da verwickelt war.
Es tut mir schrecklich leid. Bitte verzeih mir!
Deine Paula

KV Seite 30

Erste Hilfe im Netz

Was tun, wenn man wie Tabea ungewollte Bilder oder Informationen über sich im Internet findet? Anhand des Lückentextes erfahren die Schüler, wie sie sich in einem solchen Fall verhalten können.

Lösung

Versuche zuerst herauszufinden, wer die Informationen oder Bilder im Internet veröffentlicht hat. Fordere diese Person auf, die Inhalte so schnell wie möglich zu löschen. Lege am besten auch ein Datum fest, bis wann dies erledigt sein soll. Informiere den Betreiber der Seite und bitte um Löschung, falls die Person nicht reagieren, sich weigern oder nicht zu ermitteln sein sollte. Die Kontaktdaten stehen im Impressum der Internetseite oder du findest sie über *www.whois.net* und *www.denic.de*. In sozialen Netzwerken gibt es hierfür spezielle Melde-Buttons. Schalte die Polizei ein, wenn die Bilder schwere Beleidigungen sein sollten oder sogar problematische Dinge zeigen. Du kannst dich bei verbotenen oder jugendgefährdenden Inhalten (z. B. pornografische Bilder) auch an *www.jugendschutz.net* oder *www.internet-beschwerdestelle.de* wenden. Sichere den Tatbestand, indem du einen sogenannten „Screenshot“ machst, z. B. bei einem Chatverlauf. Drücke dazu auf der Tastatur die Tasten „Strg“ + „V“ sowie „Druck“ in der oberen Tastaturreihe. Öffne ein leeres Dokument in einem Bildbearbeitungsprogramm und füge das Bildschirmfoto ein. Speichere es ab.

nach: www.klicksafe.de

KV Seite 31

Tabeas Albtraum

Die Ungewissheit und die Demütigungen, denen Tabea ausgesetzt ist, kommen einem traumatischen Erlebnis nahe. Sie reagiert psychosomatisch und zeigt eindeutige Stresssymptome. Die Schüler listen zunächst die körperlichen Leiden Tabeas auf. Fragen Sie evtl. auch, was sie gegen ihre Niedergeschlagenheit tut. Die Aufgabe sensibilisiert für die Gefühle von Menschen, die Opfer von Cybermobbing werden. Vielleicht haben sich einige Ihrer Schüler schon einmal ähnlich wie Tabea gefühlt. Sprechen Sie anhand von Aufgabe 2 darüber, was man tun kann, wenn man aus irgendeinem Grund so niedergeschlagen ist wie Tabea.

Mögliche Lösung

Aufgabe 1:

Seite 65: ihr wird speiübel, alles dreht sich, alles wird schwarz (sie wird ohnmächtig)

Seite 66: sie friert, zittert, ist schwach, spürt kalten Schweiß am Körper
Seite 74: Stimme zittert, sie ist kurz vor einem Heulanfall
Seite 75: sie ist blass wie ein Gespenst, kann sich nicht mehr konzentrieren
Seite 79: sie fühlt sich schwach, leer und es scheint, als hätte sie Watte im Kopf
Seite 83: sie hat einen Albtraum, wacht klitschnass auf
Seite 108: sie hat weiche Knie, Gänsehaut, fühlt Übelkeit

KV Seite 32

Wenn der Albtraum nicht endet

Immer wieder berichten die Medien von Fällen, bei denen die Opfer von Cybermobbing ihren „Albtraum" nach jahrelangem Martyrium durch Suizid selbst beenden. Anhand der auf der Kopiervorlage genannten Fälle und der Recherche dazu wird den Schülern die erschreckende Aktualität bewusst. Regen Sie die Jugendlichen dazu an, nicht wegzusehen, sondern sich an eine Vertrauensperson zu wenden, wenn sie bei ihren eigenen Aktivitäten im Netz auf schlimme Angriffe aufmerksam werden.

KV Seite 33

Redewendungen

Viele Redewendungen beinhalten Körperteile und bringen so die Auswirkung bestimmter Gefühle auf den Körper zum Ausdruck. Zur Erweiterung ihres Sprachschatzes vergegenwärtigen sich die Schüler einige Situationen des Romans und ergänzen die Sätze mit der passenden Redewendung.

Lassen Sie evtl. leistungsstärkere Schüler nach sprachlichen Bildern oder bildhaften Vergleichen suchen, die die Autorin vor allem im 3., 4., 8. und 9. Kapitel verwendet, um starke Gefühle anschaulich darzustellen (z. B. „Tabeas Gedanken flitzen durch ihren Kopf wie ein Flipperball", S. 28).

Lösung

1. Paula kann ihren ehemaligen Freundinnen den Fake-Eintrag nicht verzeihen, sie muss die Erfahrung erst verdauen.
2. Yasemin ist über das Verhalten der Mitschüler Tabea gegenüber verärgert. Sie hat eine Mordswut im Bauch.
3. Vor Entsetzen über die Einträge auf der Plattform *freunde-von-freunden* verliert Tabea fast den Kopf.
4. Tabea steht Hendrik gegenüber. Vor Ekel dreht sich ihr der Magen um.
5. Tabea steht dem aufgebrachten Robin gegenüber. Ihr rutscht das Herz in die Hose.
6. Tabea weiß, dass ihre Nacktbilder weiter im Netz kursieren können. Das liegt ihr schwer im Magen.

KV Seite 34

Stilmittel unter der Lupe

Anhand dieser Kopiervorlage lernen die Schüler, welche Wirkung gezielt eingesetzte Stilmittel haben können. Durch die aufmerksame Lektüre des 9. und 12. Kapitels sollen sie selbst entsprechende Stilmittel erkennen. Zur Wortschatzerweiterung finden sie passende Antonyme und Synonyme zu vorgegebenen Begriffen.

Mögliche Lösung

Aufgabe 1:
Bildhafter Vergleich: Sie fühlt sich (...) als habe man ihr Blut abgezapft. (S. 67)
Alliteration: Kevin knallt seine Karten auf den Tisch. (S. 87)
Redewendung: Hoffentlich drückt Herr Mauz ein Auge zu. (S. 92)

Aufgabe 2:
Synonyme: verletzt – gekränkt, verärgert – erzürnt, deprimiert – bedrückt, fröhlich – heiter, entspannt – ruhig
Antonyme: einfach – schwierig, klug – dumm, ehrlich – betrügerisch, boshaft – liebevoll, gierig – bescheiden

Name:

Zitate über Freundschaft

Lies die Zitate zum Thema „Freunde/Freundschaft“. Bewerte sie, indem du ankreuzt, wie gut dir welche Aussage gefällt.

Nr.	Zitat	Gefällt mir: gar nicht	etwas	gut	sehr gut
1	Der beste Weg, einen Freund zu haben, ist der, selbst einer zu sein. (Ralph Waldo Emerson)				
2	Der Freund ist einer, der alles von dir weiß, und der dich trotzdem liebt. (Elbert Hubbard)				
3	Echte Freunde zeigen sich, wenn du in einen Skandal verwickelt bist. (Elizabeth Taylor)				
4	Ein bisschen Freundschaft ist mehr wert als die Bewunderung der ganzen Welt. (Otto von Bismarck)				
5	Einen sicheren Freund erkennt man in unsicherer Sache. (Marcus Tullius Cicero)				
6	Freundschaft ist eine Tür zwischen zwei Menschen. Sie kann manchmal knarren, sie kann klemmen, aber sie ist nie verschlossen. (Balthasar Gracián)				
7	Freundschaft ist nicht nur ein köstliches Geschenk, sondern auch eine dauernde Aufgabe. (Ernst Zacharias)				
8	Man kommt in der Freundschaft nicht weit, wenn man nicht bereit ist, kleine Fehler zu verzeihen. (Jean de la Bruyère)				
9	Sei höflich zu allen, aber freundschaftlich mit wenigen; und diese wenigen sollen sich bewähren, ehe du ihnen Vertrauen schenkst. (George Washington)				

Was ist dir bei einer Freundschaft wichtig? Schreibe in Stichpunkten auf.

Schreibe eine eigene Definition von Freundschaft in dein Heft.

Name:

Eine zerbrochene Freundschaft?

Verbinde jeweils die beiden Sätze mithilfe einer Konjunktion aus dem Kasten.

weil
bevor
deshalb
nachdem
obwohl

1. Paula spricht nicht mehr mit Tabea und Yasemin.
   Sie haben sie verletzt.

2. Niko wirft absichtlich Paulas Sachen zu Boden. Er wurde an der Tafel ausgefragt.

3. Frau Lautenbacher kommt ins Zimmer. Yasemin spricht mit der Klasse über den Fake-Eintrag.

4. Josh ignoriert Tabea in der Schule. Er chattet am Abend wieder mit ihr.

5. Tabea und Yasemin sind entsetzt über die Nacktbilder.
   Sie wollen den Täter finden.

Vervollständige die beiden folgenden Sätze sinnvoll. Schreibe in dein Heft.

Ich bin der Meinung, dass die Freundschaft zwischen Tabea, Yasemin und Paula für immer zerstört ist, weil ... / Ich glaube, dass sich Paula mit Tabea und Yasemin nach einiger Zeit wieder versöhnen wird, weil ...

Name:

Eine Entschuldigung

Als Paula miterlebt, wie schlecht es Tabea wegen der Sache mit den Nacktbildern geht, schreibt sie einen Entschuldigungsbrief. Leider hat sie sich dabei nicht an die Regeln der Rechtschreibung gehalten.

Verbessere Paulas Entschuldigungsbrief an Tabea und schreibe in dein Heft.

liebe tabea,
ich muste die ganze zeit daran denken, das du wegen mir den schlamassel ausbaden must. ich war total enttäuscht von dir und yasemin, den ich hate gedacht, wir sind freunde. ausgerechnet in der schule habt ihr mein geheimnis verraten. es war schlim für mich, das niko wütend auf mich war. er wolte unsere freundschaft infrage stelen und hat sich geweigert, mit mir zu reden.
ich habe mir eine sache fest vorgenomen: bloß keine panik, sonst gibt es eine katastrophe und niko wendet sich ganz von mir ab! da habe ich die bilder hochgeladen. an die folgen wolte ich gar nicht denken und auch nicht daran, was die aktion für dich bedeutet.
für die zukunft nehme ich mir vor, mit der person, mit der ich ein problem habe, ofen zu sprechen.
ach, und ich hofe, das in ein paar tagen ales vorbei ist, das die klase sich wieder normal verhält und die bilder endgültig aus dem netz verschwinden.
ich wünschte, ich häte mir nichts zuschulden komen lasen. meine eltern würden ausflipen, wen sie wüsten, in was ich da verwickelt war.
es tut mir schrecklich leid. bite verzeih mir!
deine paula

Name:

Erste Hilfe im Netz

Wie sollte man sich verhalten, wenn man unerwünschte Bilder oder Informationen von sich im Netz entdeckt? Lies den Text und fülle die Lücken mit den passenden Wörtern.

Betreiber | Dokument | Polizei | Internetseite | Inhalte | veröffentlicht | Datum | sozialen | jugendgefährdenden | Kontaktdaten

Versuche zuerst herauszufinden, wer die Informationen oder Bilder im Internet __________ hat. Fordere diese Person auf, die __________ so schnell wie möglich zu löschen.

Lege am besten auch ein __________ fest, bis wann dies erledigt sein soll.

Informiere den __________ der Seite und bitte um Löschung, falls die Person nicht reagieren, sich weigern oder nicht zu ermitteln sein sollte.

Die __________ stehen im Impressum der __________ oder du findest sie über *www.whois.net* und *www.denic.de*. In __________ Netzwerken gibt es hierfür spezielle Melde-Buttons.

Schalte die __________ ein, wenn die Bilder schwere Beleidigungen sein sollten oder sogar problematische Dinge zeigen. Du kannst dich bei verbotenen oder __________ Inhalten (z. B. pornografische Bilder) auch an *www.jugendschutz.net* oder *www.internet-beschwerdestelle.de* wenden.

Sichere den Tatbestand, indem du einen sogenannten „Screenshot“ machst, z. B. bei einem Chatverlauf. Drücke dazu auf der Tastatur die Tasten „Strg“ + „V“ sowie „Druck“ in der oberen Tastaturreihe. Öffne ein leeres __________ in einem Bildbearbeitungsprogramm und füge das Bildschirmfoto ein. Speichere es ab.

Name:

Tabeas Albtraum

Von Tabea sind im Netz Nacktbilder im Umlauf. Die Situation belastet sie so sehr, dass sie auch körperlich darunter leidet.

Lies im Text nach, wie sich Tabeas Leiden äußern. Schreibe auf.

Seite 61: ihr wird schwindlig und schlecht, Kringel vor den Augen, Pfeifen im Ohr

Seite 65: ______________________________

Seite 66: ______________________________

Seite 74: ______________________________

Seite 75: ______________________________

Seite 79: ______________________________

Seite 83: ______________________________

Seite 108: ______________________________

Was tust du gegen Mattigkeit oder Niedergeschlagenheit? Verbinde jedes Problem mit einer passenden Lösung. Du kannst eine Lösung auch mehrfach zuordnen und einen eigenen Lösungsvorschlag ergänzen.

Problem:
Mir ist schlecht. •
Ich habe drei Stunden gelernt und fühle mich ausgelaugt. •
Ich liege am Sonntagvormittag lustlos im Bett. •
Ich hatte Streit mit meiner Mutter und bin total aufgewühlt. •
Mein Freund / meine Freundin hat mich verlassen. •

Lösung:
• Ich gehe an die frische Luft.
• Ich mache zehn Liegestütze.
• Ich setze mich vor den Fernseher.
• Ich telefoniere / chatte mit einem Freund / einer Freundin.
• Ich höre laut Musik.
•

Name:

Wenn der Albtraum nicht endet

Immer wieder sehen junge Menschen keinen anderen Ausweg aus dem Albtraum Cybermobbing, als ihrem Leben ein Ende zu setzen. Lies die folgenden Fälle.

Nachdem der 20-jährige Tim aus den Niederlanden im Internet als „Loser“ und „Homo“ beschimpft worden war, beging er Anfang November 2012 Selbstmord.

Anfang Oktober 2012 nahm sich die 15-jährige Kanadierin Amanda Todd das Leben, nachdem sie jahrelang in der Schule und im Netz gemobbt worden war. Begonnen hatte alles, als sie in der 7. Klasse mit einem Mann chattete, der ihr Komplimente machte und schließlich ein Nacktfoto von ihr verlangte und auch erhielt. Er schickte es an ihre Schule und lud es bei *facebook* hoch.

Im Oktober 2006 erhielt die 13-jährige Megan Meier auf *MySpace* von ihrem jugendlichen Verehrer die Nachricht: „Die Welt wäre ein besserer Ort ohne Dich.“ Daraufhin beging sie Selbstmord. Der vermeintliche Verehrer wurde als Mutter einer ehemaligen Schulfreundin entlarvt. Zusammen mit Arbeitskolleginnen fand sie Spaß daran, das Mädchen zu beleidigen und zu quälen.

Im niederländischen Arnheim wurde im Januar 2012 die 15-jährige Joyce H. erstochen, weil sie angeblich abfällige Kommentare über ihre Freundin Polly W. auf *facebook* verbreitet hatte. Daraufhin beauftragte Polly den 14-jährigen Jinhua K., Joyce zu ermorden.

Kennst du einen weiteren, aktuellen Fall? Informiere deine Mitschüler darüber.

Informiere dich im Internet über die vier Fälle. Notiere in deinem Heft ihren Verlauf und was du über Täter und Opfer erfährst. Überlege, wer zu welcher Zeit hätte eingreifen können, um das Schlimmste zu verhindern.

Name:

Redewendungen

Redewendungen können eine Situation oder ein Gefühl oft besonders treffend und anschaulich beschreiben.

Setze die Sätze mit der passenden Redewendung fort. Nutze dafür die Angaben im Kasten.

- den Kopf verlieren
- eine Mordswut im Bauch haben
- jemandem rutscht das Herz in die Hose
- etwas liegt einem schwer im Magen
- etwas erst verdauen müssen
- etwas dreht einem den Magen um

1. Paula kann ihren ehemaligen Freundinnen den Fake-Eintrag nicht verzeihen, sie muss die Erfahrung ________________________________ .
2. Yasemin ist über das Verhalten der Mitschüler Tabea gegenüber verärgert. Sie hat ________________________________ .
3. Vor Entsetzen über die Einträge auf der Plattform *freunde-von-freunden* verliert Tabea fast ________________________ .
4. Tabea steht Hendrik gegenüber. Vor Ekel ________________________________ ________________________________ .
5. Tabea steht dem aufgebrachten Robin gegenüber. Ihr ________________________ ________________________________ .
6. Tabea weiß, dass ihre Nacktbilder weiter im Netz kursieren können. Das liegt ihr ________________________________ .

Name:

Stilmittel unter der Lupe

Die Autorin des Romans bedient sich einiger Stilmittel, um damit etwas Bestimmtes auszudrücken.

Informiere dich über die folgenden Stilmittel. Suche im 9. und 12. Kapitel je ein weiteres Beispiel und schreibe es auf.

Ein bildhafter Vergleich lässt einen Sachverhalt anschaulicher werden.
Beispiel: Bei seinem Anblick spürt Tabea, wie die Wut in ihr aufsteigt und wie kochendes Wasser sprudelt. (S. 88)

Weiteres Beispiel: ______________________________

Bei einer Alliteration stimmt der Anlaut von mindestens zwei Wörtern überein. Damit werden diese Wörter betont.
Beispiel: Ich will wissen, was wirklich Sache ist. (S. 92)

Weiteres Beispiel: ______________________________

Eine Redewendung ist eine feste Wortverbindung, die meist einen bildlichen Ausdruck enthält. Sie lockert einen Text auf und macht ihn oft auch anschaulich.
Beispiel: Der lügt ja wie gedruckt, denkt Tabea. (S. 93)

Weiteres Beispiel: ______________________________

Damit ein Autor in einem Text nicht immer dieselben Wörter verwendet, benutzt er zur Abwechslung Synonyme. Finde zu den vorgegebenen Begriffen je ein Synonym. Suche auch Antonyme.

Synonym: sinngleicher Begriff; Antonym: gegensätzlicher Begriff

verletzt, verärgert, deprimiert, fröhlich, entspannt

Synonyme: ______________________________

einfach, klug, ehrlich, boshaft, gierig

Antonyme: ______________________________

Inhalt

14. Kapitel
Nach dem Gespräch der beiden Mädchen mit dem Trainer überlegen Tabea und Yasemin mit Josh, wie die Nacktbilder von Tabea ins Netz gelangt sein könnten. Tabea schildert den Chatverlauf zwischen ihr und der Person, die sich als Josh ausgegeben hat. Yasemin fragt Josh, ob ein anderer Zugriff auf seinen PC hat oder sein Passwort kennt. Da fällt ihm ein, dass er sein Notebook einem Freund geliehen hatte, damit ein Bekannter ein Spiel installieren konnte.

15. Kapitel
Am nächsten Morgen beschließen die drei, den Bekannten, der Hendrik heißt, nach der Schule aufzusuchen. Josh bittet vor dem Besuch per Handy einen Freund, die Polizei zu rufen, sollte er nach einer halben Stunde nichts von ihm gehört haben. Hendrik wirkt ungepflegt, sein Zimmer ist verwahrlost, sein Lebensumfeld durch eine depressive Mutter geprägt. Auf Joshs Aufforderung hin gesteht er, dass er Joshs Passwort geknackt und unter seinem Namen mit Tabea gechattet hat. Weil er Tabea vor Freunden im Moped-Forum als seine Freundin ausgegeben hat, wollten diese Bilder von ihr sehen. So entstand die Idee mit dem Videochat. Dass er sich unter Tabeas Namen auf *freunde-von-freunden.de* angemeldet haben soll, weist er von sich. Er gibt aber zu, dass er Fotos von Tabea einem Bekannten aus dem Moped-Forum geschickt hat. Dieser Bekannte entpuppt sich als Tabeas Ex-Freund Robin. Hendrik löscht vor den Augen der drei alle Daten und Fotos von Tabea. Josh kann seinem Freund Entwarnung geben.

16. Kapitel
Die drei wollen Robin zur Rede stellen. Er ist jedoch nicht zu Hause. Josh verabschiedet sich, die Mädchen gehen weiter. Da sieht Tabea, wie Robin sich knutschend von einem Mädchen verabschiedet. Yasemin versucht Josh zurückzuholen, während sich Tabea zur Deckung hinter ein Auto kauert. Doch der Wagen wird weggefahren und Tabea steht schutzlos ihrem Peiniger gegenüber. Sie stellt ihn zur Rede. Robin zeigt bei den Anschuldigungen keinerlei Reue. Als Tabea droht, allen davon zu erzählen, wird er aggressiv. Tabea flüchtet vor Robin, der sie mit seinem Moped verfolgen will. Er wird vom älteren Bruder seiner Freundin Isa aufgehalten. Der stellt ihn zusammen mit Yasemin, Josh, Isa und einem weiteren Bruder von ihr zur Rede. Sie drohen ihm an, die Polizei über den Fall zu informieren, wenn er die Bilder nicht umgehend löscht.

17. Kapitel
Tabea erzählt den anderen, was genau passiert ist. Sie erfährt, dass die Bilder weiterhin im Netz kursieren können, obwohl sie gelöscht wurden und die Täter entlarvt sind. Josh begleitet Tabea nach Hause und fragt, ob sie am nächsten Freitag mit ihm ins Kino gehen will. Tabea spürt, dass sie in Josh verliebt ist.

Thematische Schwerpunkte

- die Figuren des Romans
- Mitläufer beim Mobbing
- verantwortungsvolle Nutzung des Internets
- Gesamtüberblick über den Roman
- Buchkritik

Gesprächs- und Schreibanlässe

Zum 14. Kapitel
Überprüfung der Textkenntnis
- Wer hatte Zugriff auf Joshs Notebook?
- Wie hat Josh sein Passwort geschützt?
- Wie will Josh den Mädchen bei der Suche nach dem Täter helfen?

Weiterführende Fragen
- Welche Motivation hat Josh wohl, sich den Mädchen bei der Suche nach dem Täter anzuschließen?
- Josh wird rot, als Tabea ihm den Inhalt des Chatverlaufs schildert. Was könnte dabei in ihm vorgehen?

Zum 15. Kapitel
Überprüfung der Textkenntnis
- Was geht Tabea bei dem Gedanken durch den Kopf, dem Täter bald gegenüberzustehen?
- Welche Vorsichtsmaßnahme trifft Josh?
- Woran erkennt Tabea, dass Hendrik der Täter ist?
- Wie konnte Hendrik Joshs Passwort knacken?
- Welche Verbindung besteht zwischen Hendrik und Robin?

Weiterführende Fragen
- Für die Aufklärung von Straftaten ist die Polizei da. Was hätte den Jugendlichen bei ihrer Suche nach dem Täter passieren können?

- Was geht Hendrik wohl durch den Kopf, als die drei Jugendlichen bei ihm zu Hause auftauchen?
- Was hätte Hendrik zu befürchten gehabt, wenn die drei die Polizei eingeschaltet hätten?

Zum 16. Kapitel
Überprüfung der Textkenntnis
- Wie reagiert Robin, als er Tabea auf der Straße sieht?
- Womit droht Tabea Robin?
- Wodurch kann Robin als Täter überführt werden?
- Wie reagiert Robins neue Freundin auf die Anschuldigungen gegen ihn?

Weiterführende Fragen
- Warum gelingt es Tabea, Robin gegenüber mutig und bestimmt aufzutreten?
- Der ältere Bruder von Robins neuer Freundin zeigt Zivilcourage. Was versteht man darunter?

Zum 17. Kapitel
Überprüfung der Textkenntnis
- Inwiefern hat Tabea Glück gehabt?
- Welche Sorgen bleiben für Tabea bestehen, obwohl die Täter entlarvt wurden?
- Wie zeigt Josh sein Interesse an Tabea?

Weiterführende Frage
- Auch wenn Robin Tabeas Bilder löscht, ist damit nicht gewährleistet, dass ihre Nacktbilder aus dem Netz verschwunden sind. Warum könnten weiterhin Bilder von ihr verbreitet werden?

Kreativ aktiv

Entschuldigungen und Wiedergutmachungen
Hendrik stammelt Tabea gegenüber eine Entschuldigung. Ist damit der Fall für beide erledigt? Was könnte er als Wiedergutmachung für seinen Übergriff tun? Sammle Vorschläge und diskutiere mit deinem Partner, welche Formen von Entschuldigung angemessen sind und sich auch umsetzen lassen.

Akrostichon zum Thema „Freundschaft“
Schreibe ein Akrostichon zum Thema „Freundschaft“. Ein Akrostichon ist ein antikes Schreibspiel bzw. Gedicht, bei dem die Buchstaben eines Wortes senkrecht untereinandergeschrieben werden. Jeder dieser Buchstaben bildet den Anfang eines neuen Wortes oder Satzes. Dabei beinhaltet das vorgegebene Wort das Thema, zu dem passende Wörter oder Sätze geschrieben werden.

Informationsplakat: Sicherer Umgang mit dem Internet
Nach den belastenden Erfahrungen sind Tabea und ihre Freunde in Zukunft sicher vorsichtiger im Netz. Als Betroffene kann Tabea zusammen mit ihren Freunden einen Vortrag in der Schule halten oder ein Warnplakat entwerfen. Die Schüler können sich in ihre Rolle versetzen und in Kleingruppen ein Kurzreferat zum Thema „Internetsicherheit“ oder verschiedene Informationsplakate erstellen, auch ein Artikel für die Schülerzeitung ist denkbar. Umfangreiche Tipps und Materialien können sie unter *www.klicksafe.de* finden.

Ist das das Ende?
Der letzte Satz des Romans lautet: „Sie hat wirklich Glück gehabt.“ Doch bleiben Fragen offen: Was wird in der Schule passieren? Werden sich die Schulkameraden für ihre Beleidigungen und Demütigungen bei Tabea und Josh entschuldigen? Sind die Bilder von Tabea endgültig aus dem Netz verschwunden? Wie könnte sich die Beziehung zwischen Tabea und Josh weiterentwickeln? Lassen Sie die Schüler den Roman mit selbst gewähltem inhaltlichen Schwerpunkt schriftlich fortsetzen.

Zu den Kopiervorlagen

KV Seite 40

Tamin Klärtauf
Mithilfe der Kopiervorlage machen die Schüler sich klar, wer durch welche Aktion in den Fall „Nacktfotos“ verwickelt ist. Dafür müssen sie den Roman bereits ganz gelesen haben. Anhand vorgegebener Textstellen gehen sie den Informationen nach, die Yasemin bei der Aufklärung nach und nach erhält. Sie halten die Motive der Personen für ihr Tun fest. Die Aufgabe kann in Gruppen erarbeitet werden, wobei sich je eine Gruppe mit Josh, Hendrik und Robin beschäftigt.

Sichern Sie ggf. das Textverständnis, indem Sie im Plenum die Reihenfolge der Ereignisse in einer Tafelanschrift festhalten:

1. Tabea und Yasemin schädigen Paula mit dem Fake-Eintrag.
2. Hendrik erhält Zugriff auf Joshs Computer und auf *KarlchensB-Seite.* Er sieht ein Bild von Tabea, beschließt, Joshs Identität zu übernehmen, und gibt sich im Chat mit Tabea als Josh aus. Er macht von ihr im Videochat die Fotos und zeigt eines im Moped-Forum.
3. Robin sieht im Forum das Bild, bittet Hendrik um weitere. Er lädt sie auf *freunde-von-freunden.de* hoch.
4. Paula entdeckt dort die Fotos und stellt sie aus Rache an Tabea ins *WirNetz.*
5. Jeder Nutzer von *WirNetz* kann die Bilder sehen.

Lösung
Josh: Er war am Abend des Videochats mit einem Freund im Kino. Tags zuvor war er beim Training, als Tabea mit dem vermeintlichen Josh gechattet hat. Er hatte sein Notebook einem Freund geliehen, damit ein Bekannter ein Spiel darauflädt.
Motiv: Er hat kein Motiv, Tabea zu verletzen. Sein Motiv, Tabea zu helfen: Er wurde selbst geschädigt und verliebt sich in Tabea.

Hendrik: Er hat Joshs Passwort geknackt und seine Identität genutzt, um im Videochat an Fotos von Tabea zu kommen. Er hat *Cooler_Freak* aus dem Moped-Forum weitere Bilder von Tabea geschickt.
Motiv: Er hat Tabea zufällig auf *KarlchensB-Seite* gesehen und will im Moped-Forum mit ihr als Freundin prahlen.

Robin: Er gesteht, dass er auf *freunde-von-freunden.de* ein gefaktes Profil von Tabea angelegt und dort die Nacktfotos hochgeladen hat.
Motiv: Er wollte sich an Tabea rächen, weil sie sich von ihm getrennt hat.

KV Seite 41

Netznutzer
Ein Großteil der Kommunikation unter Jugendlichen läuft heute im Netz ab. So auch im Roman. Mit der Aufgabe wird das Textverständnis gesichert: Wer nutzt welche Kommunikationswege? Wie werden sie genutzt und welche Folgen hat das? Für diese Kopiervorlage sollten die Schüler den Roman bereits ganz gelesen haben.

Lösung
„Dieser Mistkerl macht mich total fertig!“ (...)
Schüler mobben andere in sozialen Netzwerken, hier aus Eifersucht.

Auf *KarlchensB-Seite* tauscht man Ergebnisse von Hausaufgaben aus (...)
Schüler der 7b nutzen die geschlossene Gruppe, um z. B. Ergebnisse oder Fotos auszutauschen, um zu chatten.

„Wir haben den Zugang geknackt (...)“
Yasemin und Tabea missbrauchen den Dienst für einen „Scherz“.

Tabea und Yasemin sind gerade im Chat. (...)
Tabea und Yasemin chatten miteinander.

„Na, die Nacktbilder!“, erklärt Tina. (...)
Mitschüler nutzen *WirNetz*, lästern über Tabea.

„Du hast die Bilder ja selbst auf deine Seite bei *freunde-von-freunden.de* gestellt“, sagt Paula. (...)
Robin hat ein gefaktes Profil erstellt und die Fotos hochgeladen, um sich an Tabea zu rächen.

KV Seite 42

Die Mitläufer
Beim Mobbing/Cybermobbing gibt es nicht nur Opfer und Täter, sondern meist auch eine Schar von Mitläufern, die kritiklos einem Meinungsmacher folgt. So auch Tabeas Mitschüler in der 7b, die sich in drei Fällen ähnlich verhalten. Die Schüler machen sich dieses Verhalten bewusst und bewerten es.

Mögliche Lösung
Aufgabe 1:
Kaum ist Herr Mauz nach der Stunde zur Tür raus (...)
→ Wie verhalten sich die Mitschüler? Sie ziehen das „Opfer“ auf, glauben dem Eintrag, ohne nachzufragen; auch Finn und Niko.
→ Wie reagieren Yasemin und Tabea darauf? Sie sind mutig, gestehen den Fake vor der Klasse.

„Der Nutte hat’s die Sprache verschlagen“, lästert Tina. (...)
→ Wie verhalten sich die Mitschüler? Sie verspotten Tabea direkt und anonym, glauben ungeprüft, dass sie die Bilder selbst hochgeladen hat, hören das „Opfer“ nicht an.
→ Wie reagieren Yasemin und Tabea darauf? Tabea ist sprachlos, erschüttert, hilflos; Yasemin verteidigt sie und fragt die Mitschüler nach dem Grund für die Verhöhnung.

Tina schimpft als Erste. „Josh, du bist echt ein Schwein!“ (...)
→ Wie verhalten sich die Mitschüler? Sie greifen sofort Tabeas Beschuldigung auf und wenden sich gegen Josh.
→ Wie reagiert Josh? Er klagt die Mitschüler an, dass sie nur auf ein neues Opfer gewartet haben.

Aufgabe 2:
Josh fragt die zwei Mädchen, nachdem sich beide Seiten wieder beruhigt haben, bei der ersten Gelegenheit ganz offen, was vorgefallen ist. Später lässt er sich über den Vorfall genau informieren und bietet seine Hilfe an. Ich finde gut, dass er der Sache auf den Grund gehen will und mit denen, die ihn verletzt haben, spricht. Er verhält sich fair.

KV Seite 43

Figurengeflecht
Zur übersichtlichen Analyse der Beziehungen zwischen den Figuren des Romans, die diese

Kopiervorlage anregt, müssen die Schüler die Lektüre ganz gelesen haben. Sie führen sich vor Augen, wie die einzelnen Figuren zueinander stehen und welche Gefühle ihr Handeln beeinflussen.

Erläutern Sie ggf. die Bedeutung der Pfeilrichtung: Wer empfindet das jeweilige Gefühl wem gegenüber? Nur wenn beide Figuren das Gefühl füreinander teilen, ist ein Doppelpfeil (also ein Pfeil mit zwei Spitzen) angebracht.

Mögliche Lösung

Aufgabe 1:

Paula: unversöhnlich, naiv, hinterlistig, unfair, nachtragend
Yasemin: fair, selbstbewusst, mutig, überlegt, hilfsbereit, einfühlsam, selbstkritisch, spontan
Tabea: fair, naiv, nachgiebig, hilflos, einfühlsam, unsicher
Josh: fair, selbstbewusst, nachgiebig, mutig, überlegt, hilfsbereit, einfühlsam, spontan
Hendrik: nachgiebig, gefährlich, hinterlistig, unfair, unsicher, spontan
Robin: jähzornig, gefährlich, hinterlistig, unfair

Aufgabe 2:

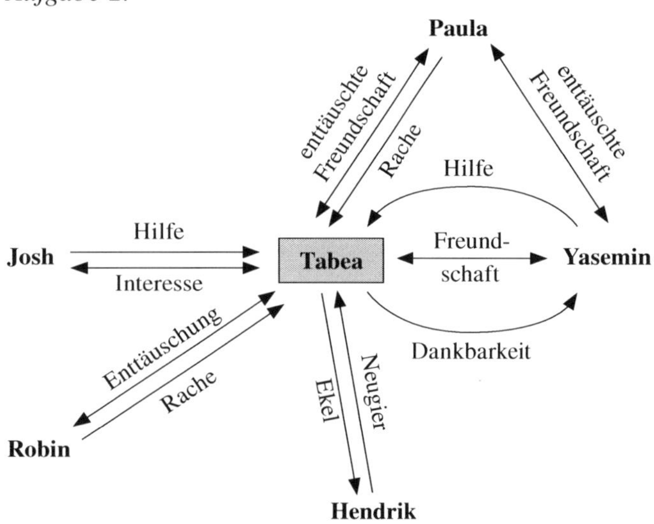

KV Seite 44

Tabeas Einstellung zum Internet

Anhand der Kopiervorlage vollziehen die Schüler Tabeas Entwicklung nach: Anfangs geht sie sorglos mit fremden Passwörtern um und wundert sich über den Achtklässler, der Opfer von Cybermobbing ist. Dann macht sie eine traumatische Erfahrung mit Mobbing/Cybermobbing. Aber dank der tatkräftigen Unterstützung durch Yasemin und Josh verharrt sie nicht in der Opferrolle, sondern sucht nach dem Täter. Am Ende – so darf man annehmen – hat sie aus der Sache gelernt. Die Schüler überlegen, welche drei wichtigen Verhaltensregeln für den Umgang mit dem Netz Tabea aufstellen könnte. Geben Sie ergänzend dazu noch folgende Ratschläge:

- Pass auf, welche Bilder von dir im Netz sind und wer Zugriff auf diese Bilder hat. Fotos oder Videos, auf denen andere Menschen zu sehen sind, dürfen nicht ohne Erlaubnis verwendet werden. Jeder Mensch hat ein „Recht am eigenen Bild", das bedeutet, dass sein Foto nur mit seiner Erlaubnis veröffentlicht werden darf.
- Gib nie deine persönlichen Daten im Internet weiter. Möchtest du dir ein Profil in einer Community einrichten, dann stelle das Profil so ein, dass nur deine Freunde es anschauen können. Wichtig: Das Internet vergisst nichts.
- Informiere dich beim Bundesamt für Sicherheit in der Informationstechnik über die Dienste, die du nutzt.

Mögliche Lösung

Aufgabe 1:

S. 8: Wer so dumm ist wie Paula und beinahe sein Passwort verrät, muss bestraft werden.
S. 45: Bei *Wilder Hengst* muss wirklich eine Schraube locker sein, wenn er so fiese Bemerkungen schreibt.

Aufgabe 2:

1. Verhalte dich im Internet fair. Verbreite keine Lügen oder Geheimnisse über andere in Foren oder Chats und auch nicht per Messenger.
2. Informiere dich über die Sicherheitseinstellungen deines Computers. Lass dir ggf. von einem Fachmann dabei helfen.
3. Wenn ein Mitschüler dir im Chat Komplimente macht, dich aber in der Wirklichkeit nicht beachtet, kann etwas nicht stimmen.

KV Seite 45

Was bedeutet dir das Internet?

Die Nutzung des Internets ist für Jugendliche fester Bestandteil ihres Alltagslebens, auch im Roman. Tabea chattet abends regelmäßig mit Yasemin, obwohl sich beide in der Schule gesehen haben und sich auch zum Gespräch verabreden könnten. Dass Tabea sich ohne Vorkenntnisse oder Absicherung auf einen Videochat mit dem angeblichen Josh einlässt, zeigt ihr Vertrauen ins Internet als Kommunikationsmedium. Die Kopiervorlage will die Schüler für die Bedeutung, die die Nutzung des Internets in ihrem eigenen Leben hat, sensibilisieren.

Lösung
Aufgabe 2:

Positive Aspekte	Negative Aspekte/ Gefahren
• schnelle, unkomplizierte Informationsübertragung • Informationsbeschaffung zu jeder Zeit, an (fast) jedem Ort, über jede Distanz • „demokratisches Medium“: gleicher Zugang für alle • Kommunikation weltweit	• Datenmissbrauch • weltweite Verbreitung falscher Informationen, jugendgefährdender oder strafbarer Inhalte weitgehend im Schutz der Anonymität • Internetsucht, Mangel an persönlichem Kontakt • ständige Erreichbarkeit

KV Seite 46

Achterbahnfahrt der Gefühle

Tabea durchlebt im Roman ein extremes Wechselbad der Gefühle. Mit dieser Kopiervorlage versetzen sich die Schüler noch einmal in die Protagonistin und „durchleben“ mit ihr die Höhen und Tiefen eines Mädchens, das unerwartet zum Opfer wurde. Da sich vermutlich viele Schüler Ihrer Klasse mit Tabea identifizieren konnten, können sie auch die Gefühle der Protagonistin gut nachvollziehen.

Damit die Grafik übersichtlich beschriftet werden kann, sollte das Blatt größer kopiert werden. Es empfiehlt sich zudem, sich im Unterrichtsgespräch ausführlich mit den entsprechenden Textstellen auseinanderzusetzen.

KV Seite 47

Meine Buchbewertung

Zum Abschluss der Lektüre beurteilen die Schüler den Roman nach verschiedenen Kriterien. Die Kopiervorlage fordert sie auf, das Buch mithilfe eines Bewertungsbogens unter drei verschiedenen Aspekten zu untersuchen: Inhalt, Schreibstil und Wirkung. Die Tabelle kann als Basis für eine zusammenfassende, ausformulierte Buchkritik dienen.

KV Seite 48

Eine gute Gemeinschaft?

Diese Kopiervorlage können Sie zum Abschluss der Arbeit mit dem Roman einsetzen, um die Schüler für ihre Klasse konkret überlegen zu lassen, welches Klima in ihrer Gemeinschaft herrscht, wo es Probleme gibt und wie der Umgang miteinander zu verbessern ist. Das betrifft nicht nur das Verhältnis der Schüler untereinander, sondern auch das zwischen Lehrern und Schülern.

Die Schüler füllen den Fragebogen anonym aus. Schauen Sie die gesammelten Bögen gemeinsam an. Gehen Sie bei der Besprechung des Ergebnisses vor allem auf die Probleme, Änderungswünsche und Verbesserungsvorschläge ein und diskutieren Sie die Anregungen.

Mögliche Lösung zu KV Seite 46

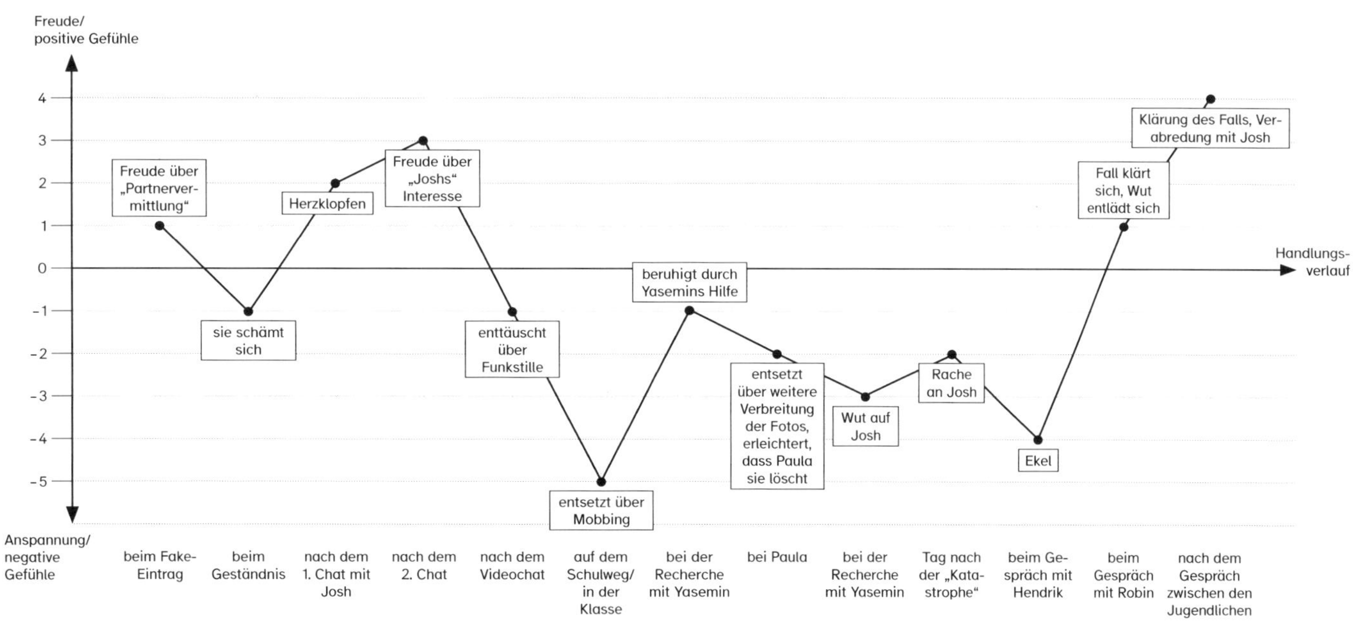

Name:

Tamin Klärtauf

Yasemin ist fest entschlossen, den Fall „Nacktfotos“ aufzuklären. Dafür befragt sie mehrere Personen. Nach und nach erkennt sie, wer wie in die Sache verstrickt ist ...

Lies nach und notiere, was Yasemin (mit Unterstützung von Tabea und Josh) von wem erfährt. Gib auch an, welches Motiv die Personen haben oder hatten, Tabea zu schädigen bzw. ihr zu helfen.

Befragt wird ...

Paula (Seite 69/70, 72): Sie hat Tabeas Nacktfotos auf der Seite *freunde-von-freunden.de* gefunden und ins *WirNetz* gestellt.

Ihr Motiv: Rache für den Fake-Eintrag auf *WirNetz*

Josh (Seite 92/93, 97–100, 102/103): ______

______

______

Sein Motiv: ______

______

Hendrik (Seite 110–113): ______

______

Sein Motiv: ______

______

Robin (Seite 118/119, 123): ______

______

Sein Motiv: ______

______

Name:

Netznutzer

Wer nutzt im Roman das Internet wofür und mit welcher Motivation? Schreibe auf.

„Dieser Mistkerl macht mich total fertig!“, regt sich ein blonder Achtklässler auf. „Er schreibt ständig so fieses Zeug über mich [bei *WirNetz*]. Nur weil Jana mich cooler findet als ihn.“ (S. 7)

Auf *KarlchensB-Seite* tauscht man Ergebnisse von Hausaufgaben aus (...). Außerdem kann die 7b dort ungestört über die Schule lästern, über Fußball, Stars oder die nächste Fete quatschen und Handyvideos oder Fotos mit den anderen teilen. Man sieht immer, wer gerade online ist (...). (S. 11)

„Wir haben den Zugang geknackt und uns eingeloggt. Es sollte nur ein Spaß sein.“ (S. 21)

Tabea und Yasemin sind gerade im Chat. Paula ist auch online, aber sie chattet nicht mehr mit den beiden. (S. 24)

„Na, die Nacktbilder!“, erklärt Tina. „(...) Im Internet. Von der Nutte da.“ (...) „Im *WirNetz* spricht die ganze Schule davon“, sagt Cem. (S. 61) Eine lange Liste von üblen Beiträgen ist unter den Neuigkeiten zu finden. (S. 64)

„Du hast die Bilder ja selbst auf deine Seite bei *freunde-von-freunden.de* gestellt“, sagt Paula. (...) „Ich hab gar keinen Account bei *freunde-von-freunden*“, sagt Tabea mit zitternder Stimme. (S. 72) „Das mit den Fotos auf *freunde-von-freunden.de*. Du hast dich unter meinem Namen dort angemeldet und Nacktbilder von mir eingestellt.“ (S. 119)

Name:

Die Mitläufer

Wie gehen die Schüler der 7b mit Informationen und Gerüchten aus dem Netz und im Netz um? Wie reagieren die Betroffenen? Lies die Textstellen und beantworte die Fragen in deinem Heft.

Kaum ist Herr Mauz nach der Stunde zur Tür raus, boxt Cem Finn an den Arm. „Hey, Alter, Paula will mit dir knutschen." (...) „Ja, auf geht's, Finn!", kräht schon der Nächste. (S. 17 f.)

→ Wie verhalten sich die Mitschüler?

→ Wie reagieren Yasemin und Tabea darauf?

„Der Nutte hat's die Sprache verschlagen", lästert Tina. (S. 54) „Dann soll sie nicht solche Bilder von sich ins Netz stellen!", ruft Tina dazwischen. (...) „Hast du sie etwa nicht gesehen?" (S. 60 f.)

„Im *WirNetz* spricht die ganze Schule davon", sagt Cem. (S. 61) „Hier, guck mal, will sich deine Freundin mit den Fotos für den *Playboy* bewerben?" (S. 62)

„Hey, guck mal, die Schlampe", lästert Mark. (S. 86)

Eine lange Liste von üblen Beiträgen ist unter den Neuigkeiten zu finden:
Ich glaub, ich spinn! – So eine Schlampe! – My God! – Tabea ist eine Nutte! (S. 64)

→ Wie verhalten sich die Mitschüler?

→ Wie reagieren Yasemin und Tabea darauf?

Tina schimpft als Erste. „Josh, du bist echt ein Schwein!" Dann hagelt es von allen Seiten Beleidigungen: „Das ist doch pervers!" (S. 90) Er wird gemieden, von manchen beschimpft und sogar geschubst. (S. 91)

→ Wie verhalten sich die Mitschüler?

→ Wie reagiert Josh?

Wie geht Josh mit Tabeas und Yasemins Anschuldigung um? Wie findest du das? Schreibe in dein Heft.

Name:

Figurengeflecht

Welche Eigenschaften haben die Figuren? Du kannst aus den folgenden Begriffen auswählen oder eigene Adjektive finden.

fair | unversöhnlich | naiv | selbstbewusst | nachgiebig | jähzornig

hilflos | gefährlich | hinterlistig | mutig | unfair | überlegt | hilfsbereit

einfühlsam | selbstkritisch | nachtragend | unsicher | spontan

Paula: ______________________________

Yasemin: ______________________________

Tabea: ______________________________

Josh: ______________________________

Hendrik: ______________________________

Robin: ______________________________

Wie stehen die Figuren zueinander in Beziehung? Schneide die Figuren aus. Ordne sie auf einem DIN-A4-Blatt so an, dass du ihre Verhältnisse deutlich machen kannst. Zeichne Pfeile ein und beschrifte sie mit treffenden Begriffen, z.B. Freundschaft, Wut, Rache ...

Paula	Yasemin	Tabea	Josh	Hendrik	Robin

Name:

Tabeas Einstellung zum Internet

Zu Beginn des Romans hat Tabea noch keine negativen Erfahrungen mit dem Internet gemacht. Sie wundert sich über die Aussagen und Reaktionen anderer.

Was könnte sie denken? Lies dafür auf den angegebenen Seiten nach.

Seite 8: Ich würde nie jemandem mein Passwort verraten.

Seite 32: Wie kann man sich von jemandem im Netz nur so fertigmachen lassen? Würde mir nie passieren.

Seite 8: ______________________________

Seite 45: ______________________________

Der Fall „Nacktfotos“ hat Tabea eines Besseren belehrt. Am Ende des Romans denkt sie anders über die Sicherheit im Internet.

Welche drei „goldenen Ratschläge“ könnte sie aufgrund ihrer schlechten Erfahrungen ihren Mitschülern geben?

1. ______________________________

2. ______________________________

3. ______________________________

Name:

Was bedeutet dir das Internet?

Ergänze deine persönliche Ansicht in den leeren Sprechblasen.

Ich glaube, man würde schon irgendwie ohne Internet klarkommen. Das gab es früher auch nicht und die Leute haben trotzdem überlebt.

Ist doch nur Zeitverschwendung! Es geht ohnehin nur noch darum zu wissen, wann wer aufs Klo geht.

Für mich ist das Internet Kommunikation pur. Der Messenger läuft fast rund um die Uhr und ich bin täglich im Netz. Ohne Internet würde ich total ausflippen!

Welche positiven und welche negativen Aspekte oder Gefahren des Internets kennst du? Trage je vier in die Tabelle ein.

Positive Aspekte	Negative Aspekte/Gefahren

Name:

Achterbahnfahrt der Gefühle

Zeichne und beschrifte Tabeas Gefühlskurve.

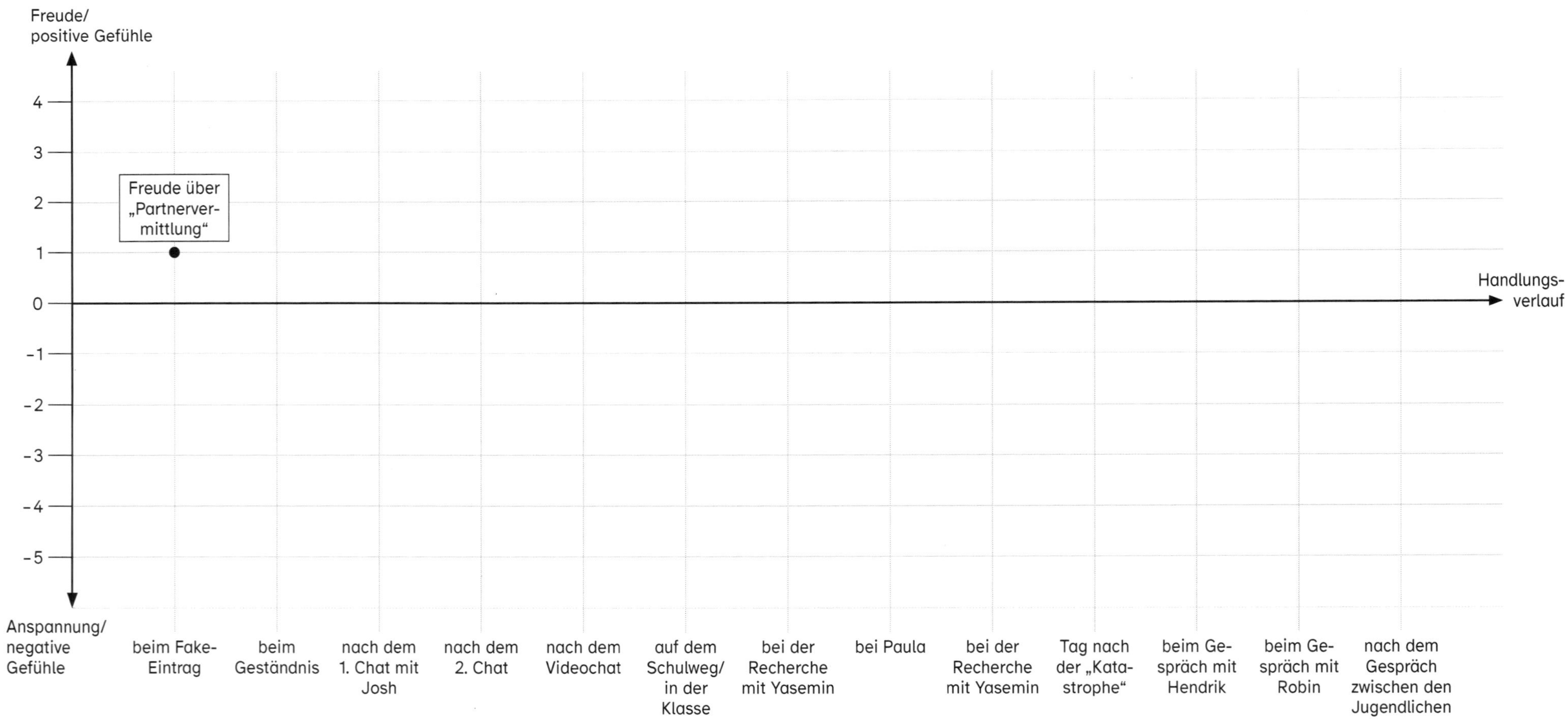

Wie hast du dich im Laufe der letzten Woche gefühlt? Zeichne deine eigene Gefühlskurve nach obigem Schema.

Name:

Meine Buchbewertung

Sei ein fairer und kompetenter Literaturkritiker. Kreuze zunächst in der Tabelle die Bereiche nach deiner persönlichen Beurteilung an. Verfasse im Anschluss eine Buchkritik.

Nr.	**Beurteilung** (++ = sehr gut gelungen, + = gut gelungen, o = geht so, ~ = weniger gelungen, – = schlecht gelungen)	++	+	o	~	–
Zum Inhalt						
1	Die Handlung ist glaubwürdig aufgebaut.					
2	Die Handlung ist spannend und voller Überraschungen.					
3	Der Roman enthält treffende Beschreibungen menschlicher Verhaltensweisen.					
4	Die Geschichte behandelt meine persönliche Erfahrungswelt.					
5	Ich konnte mich mit mindestens einer der Hauptpersonen identifizieren.					
6	Das Buch bietet Gesprächsstoff für mich und meine Freunde.					
Zum Schreibstil						
7	Die Sprache ist für Jugendliche angemessen gewählt.					
8	Der Erzählstil ist lebendig, anschaulich und eindringlich.					
Zur Wirkung						
9	Der Roman hat genau die richtige Länge.					
10	Die Lektüre macht Spaß, ist spannend und unterhaltend.					
11	Ich habe einiges über die Gefahren des Internets gelernt.					
12	Das Buch hat mein Interesse geweckt, mehr über Internetsicherheit zu erfahren.					
13	Der Roman vermittelt wichtige Lebenserfahrungen und erweitert den Horizont.					
14	Ich habe Lust, mehr Bücher dieser Autorin zu lesen.					

Eine gute Gemeinschaft?

Wie beurteilst du eure Klassengemeinschaft? Hast du Verbesserungsvorschläge? Fülle anonym aus.

Im Unterricht

Das finde ich gut	Das finde ich nicht gut	Das sollte sich ändern

Meine Verbesserungsvorschläge: ______________________________

Außerhalb des Unterrichts

Das finde ich gut	Das finde ich nicht gut	Das sollte sich ändern

Meine Verbesserungsvorschläge: ______________________________